Inventario medieval
Itinerarios, historias y protagonistas

Glauco Maria Cantarella

Inventario medieval
Itinerarios, historias y protagonistas

Traducción de Pepa Linares

Alianza editorial
El libro de bolsillo

Título original: *Inventario medievale: Percorsi, storie e protagonisti dell'età di mezzo*

Diseño de colección: Estrada Design
Diseño de cubierta: Manuel Estrada
Fotografía de Javier Ayuso

PAPEL DE FIBRA
CERTIFICADA

© 2023 by Carocci editore, Roma
© de la traducción: Pepa Linares, 2025
© Alianza Editorial, S. A., Madrid, 2025
   Calle Valentín Beato, 21
   28037 Madrid
   www.alianzaeditorial.es

ISBN: 978-84-1148-909-6
Depósito legal: M. 123-2025
Printed in Spain

Si quiere recibir información periódica sobre las novedades de Alianza Editorial, envíe un correo electrónico a la dirección: alianzaeditorial@anaya.es

Índice

Índice

Índice

Preámbulo

Por allí, más allá –un poco más allá– de la Place de la République, están las tumbas abarrotadas de parisinos que existieron, subieron y bajaron escaleras, fueron y vinieron por las calles y que, de tanto hacer, acabaron por desaparecer. Los trajo un fórceps, se los llevó un coche fúnebre y el hecho es que la Torre se oxida y el Panteón se resquebraja más rápido de lo que los huesos de los muertos, demasiado presentes, tardan en disolverse en el humus de la ciudad, impregnada de preocupaciones. Pero estoy vivo y hasta ahí llega mi conocimiento.

RAYMOND QUENEAU, *Zazie en el metro*

La Edad Media es una época extraña: no se sabe cuándo comenzó ni tampoco cuándo acabó. Es también un espacio de fronteras lábiles, invisibles, una realidad lejana a nosotros, aunque se pueda pensar que la tenemos diariamente a nuestro alrededor; una realidad subterránea, un tiempo-espacio sumergido que aflora cuando se evoca, se le hacen preguntas, se investiga.

Es un proceso histórico todavía poco conocido, muchas veces solo el espejo deformante de nuestro presente: «Eso es medieval», se dice, como si «eso» no perteneciera a nuestro tiempo. En suma, una excusa cómoda que nos ahorra el esfuerzo de formularnos preguntas sobre el pasado y el presente y de captar diferencias y continuidades.

Para orientarnos en un Medievo frecuentemente invisible a primera vista, pese a que atraviesa con un entramado de líneas muy finas toda nuestra historia, hay que sumergirse en el pasado, descender a su espacio subterráneo y seguir los recorridos formados por historias, personajes y lugares que dibujan itinerarios fundamentales y desenredan el «largo hilo de Ariadna» a través de aquella época y aún más allá.

El resultado es un viaje inusual y tal vez sorprendente para un lector curioso y capaz de orientarse.

1. Los fundamentales

Constantinopla, fundación

El traslado de la capital del imperio se llevó a cabo oficialmente el 11 de mayo del año 330. Fue una gran novedad, no porque las principales sedes del imperio coincidieran ya con Roma, cosa que no ocurría desde hacía varios decenios, al menos desde la reorganización funcional de Diocleciano, sino porque Roma dejaba de ser la titular del poder imperial. La historia cambiaba de dirección; se sabía entonces y se supo después durante varios siglos, y no fue causalidad que entre el VIII y el IX se redactara la célebre falsificación de la *Donación de Constantino*. Roma ya no albergaba al soberano, que se había trasladado a Oriente, el Occidente carecía de soberano y el único que quedaba en la capital fundacional era el papa. De ahí que los papas se dijeran: el soberano será el pontífice. Y lo sería por voluntad del emperador, pues solo él podía distribuir los cargos y los reinos con plena legitimidad (tanto es así que los reyes francos, visigodos y ostrogodos se dirigieron a los emperadores para ser reconocidos como tales). Por ese motivo, la falsa *Donación* se llama en latín *Constitutum Constantini,* aunque la lengua en la que se escribió tiene poco o nada en común con el elegantísimo latín del siglo IV. Como Lorenzo Valla pudo demostrar en el siglo XV con relativa facilidad, los términos jurídicos eran bien conocidos porque resultaban indispensables, y *Constitutum* significa exactamente eso: decisión del emperador formalizada por escrito en un acto legítimo.

Edad Media, principio y final

¿Comenzó así la Edad Media? Podría ser. Pero en realidad el Medievo comienza y acaba en periodos y épocas distintas según los puntos de vista y los diversos países europeos. En Italia, siempre se consideró que comenzaba en el 476, año en que el adolescente emperador Rómulo Augústulo, hijo de Flavio Orestes, uno de los integradísimos *bárbaros* del Imperio Romano, como atestigua su propio nombre, fue depuesto por Odoacro, otro bárbaro integradísimo que, sin embargo, no asumió el título imperial. Así pues, Rómulo Augústulo (un diminutivo que es también un término cariñoso, ya que el Augusto «pequeño» tenía unos quince años en el momento de su caída después de un año de reinado nominal, un emperador jovencito e impotente, y con ese nombre se quedó, aunque aparezca así en las fuentes hasta que cumplió por lo menos cincuenta años) fue el último de los emperadores de Roma. Y el final se sitúa, no sin razón, en 1492, con el descubrimiento de América y el comienzo de la proyección europea más allá del Atlántico.

También en Bélgica se sitúa el comienzo en el 476, pero el final se data en 1453, año en que los turcos conquistaron Constantinopla. Se trata de la datación más clásica, porque se remonta a las definiciones de Horn (1666) y de Keller (1688), el fin oficial del Imperio Romano en Occidente (476) y en Oriente (1453). En España, el final se data en 1492, pero el comienzo suele fecharse en el siglo V. En Francia, desde el siglo V hasta el final del siglo XV. En Portugal, desde el siglo VI hasta el XV. En Austria, del 400 a 1500. En Holanda, del 450 a 1450-1500. Dinamarca, del 1050 a 1500. En Noruega, del 500 a 1500. En Finlandia, del 1150 a la década de 1520. Y en el Reino Unido: en Inglaterra, desde la época *posromana* (sin una definición mejor) hasta finales del siglo XV; en Escocia, desde el 300 hasta el 1500; en Gales, del 400 a 1500. Esta era la situación en los libros escolares de hace unos quince años. Recientemente (2013), Brasil ha vuelto a la partición 476-1453, mientras que en la India (*Themes in World History,* 2006), con un criterio de historia comparada, se ha adoptado el arco cronológico de los siglos IX-XVII, con una acentuación especial en los siglos XI-XIV.

Cada historiografía ha decidido su cronología según criterios más propios de una historia nacionalista que de la historia de las instituciones o del territorio (en el caso indio, por la desvinculación del modelo cultural colonial). De ahí que en Italia se haga comenzar la Edad Media con la entrada de los longobardos (568) en la península y se establezca su término cuando el genovés Cristoforo Colombo puso el pie en el Caribe (12 de octubre de 1492), fecha obviamente inevitable para el caso español, en la que Cristóbal Colón (la misma persona) abrió camino a la proyección atlántica del reino de España; mientras que en Francia puede comenzar con el establecimiento de los francos (siglo V) o la conversión de Clodoveo (hacia 508), para acabar con la muerte de Carlos el Temerario, duque de Borgoña, en Nancy en 1477 o con la expedición de Carlos VIII a Italia (1494); y así en todos los casos. Por ejemplo, en Alemania, el final podría establecerse en 1517, con la publicación de las tesis de Martín Lutero. Por no mencionar las subdivisiones introducidas con el tiempo. En Prusia, por ejemplo, se ha hablado de una Edad Media que podría llegar hasta el inicio del siglo XVII. Y están también las otras subdivisiones: alta-baja, alta-media-baja, primera-plena-tardía. Muy huidizo se muestra, pues, este Medievo que a nosotros nos parece tan claro y tan definido...

Roma

Es el nudo principal, el atestado cruce de caminos por el que transita todo o casi todo. *Caput mundi.* En el siglo IX, mil quinientas hectáreas de espacio urbano poblado, más que por hombres, por unas imponentes estructuras todavía riquísimas que debemos imaginar (eso si no estaban reutilizadas por las aglomeraciones de las *consorterie* o clanes de familias nobles) levantadas en unas zonas en las que solo había algunas casuchas. Espacios no habitados, un tejido urbano a «manchas de leopardo».

Más que una ciudad, Roma era un territorio rodeado de murallas. Una Roma vacía y verde, en la que no había quedado nada de los extensos, abarrotados, altos y frágiles barrios de la especulación inmobiliaria antigua y donde sobresalían en solitario el Vaticano y el Laterano, aunque todavía quedaban vestigios de las enormes mansiones de las grandes familias. Pero no solo había ruinas inmensas: aún estaban el Coliseo recubierto de mármoles y lleno de estatuas y las gigantescas construcciones del imperio, aunque saqueadas, supervivientes de los desastres e incluso de la reestructuración de los cristianos, como la operación de Arnolfo di Cambio, que hacia 1282 convirtió una estatua de Tique o de la Fortuna Annonaria en una virgen gótica (las osadías de la estatuaria helenista continuarían permitiéndolo con facilidad. Recuérdese la estatua en alabastro y bronce de santa Inés, en la basílica de Santa Inés Extramuros, 1605).

El sepulcro de Adriano, un castillo no del todo privado de sus mármoles, las basílicas cristianas tan semejantes a los templos antiguos y gigantescos y a las vías triunfales de los centros políticos de la Antigüedad, polícromas de mármoles sustraídos a los dioses del pasado y doradas de mosaicos. Los edificios públicos antiguos, aunque reutilizados y roídos por el tiempo y la incuria, con su extraordinaria majestuosidad y su pretensión de eternidad; los acueductos, las calles y los puentes eran como los brazos tentaculares de Roma extendidos hacia un inmenso mundo perdido, a pesar de padecer demasiados siglos de falta de mantenimiento; las murallas, dentro de las cuales, como si fuera una corona, un círculo más pequeño cerraba la colina de los antiguos vaticinios, donde yacían los mártires Pedro y Pablo, transformada en una inmensa basílica por Constantino; los grandes complejos termales abandonados des-

17

de que Teodosio y Justiniano prohibieron su frecuentación, pero potentes e inagotables canteras de obras de arte, de materiales preciados durante cientos y cientos de años, incluido el mármol para la cal y las balas de los cañones de la artillería papal.

La Roma de los enormes y bellísimos arcos de triunfo; la Roma en la que el sistema estacional de las procesiones, a un tiempo conmemoración litúrgica y litúrgico adueñamiento por parte del señor de la ciudad, el papa, remienda los espacios deshabitados para formar un espacio simbólico en el que solo existe un pasado remoto que empequeñece aún más a los seres vivientes que lo recorren. Sin embargo, una población de veinte o treinta mil habitantes formaba uno de los mayores centros urbanos independientes del Occidente cristiano, diez veces más poblado que la media de las ciudades normales. Constantinopla, Alejandría y Córdoba superaban los cien mil habitantes (la última, más de doscientos mil en el siglo X), pero pertenecían a otros mundos muy distintos. Milán y Bolonia solo superaron los cincuenta mil habitantes a finales del siglo XIII; Pisa solamente se acercó; y esto por nombrar tres ciudades muy importantes después de tres siglos de desarrollo ininterrumpido. Pero los romanos se concentraban en núcleos dentro de su famoso círculo defensivo. Por ejemplo, en el siglo XI, los Sant'Eustachio se asentaban en la zona del Panteón; los *filii Astaldi a Coloseo* y los Frangipane, en la zona del Coliseo; los Corsi y los Pierleoni se establecían en la zona del Capitolio. Entre ellos, el verde, las ruinas y el vacío.

Roma era eso y mucho más. Roma era espléndida. Faro de civilización y de nuevas civilizaciones. Ciudad de los mártires y sacelio de los príncipes de los apóstoles. Meta de todos los peregrinos de cualquier parte de Occidente. Roma, *Radix Omnium Malorum Avaritia* («Raíz de todos los males, la avaricia»), según el afilado y polémico *bon mot* de Walter Map (último cuarto del siglo XII), que citaba modificando imperceptiblemente a san Pablo (I Tim, 6-10): «La raíz de todos los males es la avaricia». Por lo demás, Salustio había escrito que Yugurta pensaba que *Romae omnia venire,* «en Roma todo está en venta», y Juvenal, *omnia Romae cum pretio;* Roma, la continuidad o la perpetuidad histórica. Roma, diana de todas las yihads de todos los tiempos y maravilla ensalzada por las fuentes árabes. Roma, signo de contradicción. Roma, centro de todas las contradicciones. Roma, torbellino de las contradicciones. Roma, el lugar físico, ideal y mental al que todo tiende, en el que todo se concentra, se dilata y explota, se confunde, se anula, se recupera, nace, muere y vuelve a nacer, regresa cambiado y siempre igual a sí mismo. Roma, la Urbe, la Ciudad, la Única. La Eterna.

Imperios

Roma fue el punto de partida y el punto de llegada de los imperios: de Octaviano Augusto a Constantino el Grande y de Carlomagno a Carlos V, aunque la coronación de este último tuviera lugar en Bolonia. Todos los grandes que aspiraron al título y a la corona imperial tuvieron que pasar por Roma: Carlomagno quiso eludirlo coronando personalmente a su hijo Ludovico (813). Carlos V debió evitarlo (1529) porque el saco de Roma de 1527 estaba muy reciente, pero en todo caso tuvo que recibir del papa la corona imperial. Napoleón Bonaparte se coronó él solo y en París (1804), pero aun así lo hizo ante la presencia de un recalcitrante Pío VII.

Grandísimo título, el imperial... aunque obligaba a reconocer que estaba totalmente en manos de los papas. El primer emperador medieval, Carlomagno, llegó a Roma después de varios decenios de preparación cultural y propagandística de la cultura franca, que buscaba la atribución de la dignidad imperial a los reyes de los francos, pero una vez obtenida la corona en la Nochevieja del año 800 se fingió sorprendido, como se sabe, y declaró que si lo hubiera imaginado jamás habría puesto el pie en San Pedro. Así lo cuenta su biógrafo, el sutil y culto Eginardo, que de ese modo ponía en guardia a los sucesores de Carlomagno, porque la corona imperial no era solo el reconocimiento de la fuerza militar y de las capacidades políticas del rey, sino también y sobre todo el resultado de la negociación con el papa, y el hecho de recibirla imponía además una expedición hasta el corazón de Italia.

Fue el problema de todos los emperadores incluso cuando la corona pasó a la Casa de Sajonia: a Enrique II el papa no solo le impuso la corona, sino que le regaló un globo áureo, símbolo del dominio del mundo; en suma, el nuevo emperador recibía del papa la legitimidad de ese dominio:

Un globo de oro, rodeado [...] de piedras finas entre las más preciosas y [...] rematado por una cruz de oro. Se reproducía de ese modo la figura del mundo (que, según se dice, consiste en una especie de esfera), a fin de que cuando la cabeza del imperio terrenal la contemplara, aquel objeto le recordara su deber de ejercer en la tierra el poder político y militar, así como de mostrarse digno de la protección que le llegaba del símbolo salvífico de la cruz; la decoración con varias gemas indicaba la exigencia de que una autoridad como la del emperador se adornase de todo género de virtudes (Rodolfo el Calvo, 1989, I. 23, pp. 47-49).

Enrique, que era una persona aguda y perspicaz, cuenta Rodolfo, donó aquel globo a Cluny. Advirtamos de paso que en el siglo IX no era en absoluto desconocida, por así decirlo, la esfericidad de la Tierra. Las dificultades de Enrique IV para conseguir la dignidad imperial son tan famosas que no vale la pena resumirlas... Y ¿qué decir del Arrigo (Enrique VII) de Dante? Esta cadena se rompió con Carlos V por razones de fuerza mayor, pero nunca se pudo prescindir del acuerdo con los papas.

Sin embargo, había también otros emperadores (aparte, obviamente, de los basileos de Constantinopla), lo que no significa que hubiera otros imperios. No debe llamar a engaño el uso reciente del término «imperio» aplicado al conjunto de los dominios de los Plantagenet. *Imperator* era el título de Athelstan, rey de Wessex, en Inglaterra, y *rex totius Britanniae; imperator* lo era del rey de León, que Alfonso VI de Castilla asumió y pasó a sus sucesores, pero solo significaba que esos reyes eran superiores a sus aristocracias, que estaban en condiciones de dominarlas y de comandarlas (si luego eso se correspondía con la realidad o no, ya es otra cosa...). La clave para entenderlo está en lo que escribieron los juristas de Felipe IV, el Hermoso, de Francia (1285-1314): «El rey es ciertamente emperador en su reino». El rey los *superaba* a todos. En efecto, a partir del siglo XIII se utilizó la forma *superanus,* que dio lugar a *sobe-*

rano, sovrano, souverain, sovereign, souverän (aunque en alemán solo como adjetivo, porque continúa empleándose *König)*, *suwerenny,* суверен…, evidentemente en este último caso el soberano era también y sobre todo царь, «zar», César, heredero de los césares tras la caída de Constantinopla, la Segunda Roma, y la institución de la Tercera Roma, Moscú.

Constantinopla, la caída

Constantinopla, la Nueva Roma, capital del Imperio Romano de Oriente (el que después de más de un siglo de su desaparición comenzó a llamarse «bizantino» por un curioso sentido práctico, ya que llamarlo «romano» como siempre lo habían llamado todos habría podido crear una confusión con el Sacro Imperio Romano…, cosa extraña porque generalmente se había denominado «Imperio de los Griegos», aunque el nuevo nombre cuajó, como podemos constatar), padeció una enorme cantidad de asedios: la de los godos en el 379, la de los persas y los ávaros en el 626 y la intermitente de los árabes en 674-678 y de nuevo en 717-718. El ingenio militar, las largas y poderosas murallas y la terrible arma que poseían las flotas imperiales, el famoso *fuego griego,* salvaron siempre a la ciudad. En el 379 tomaron también parte activa en el salvamento los árabes que, como ocurría desde hacía siglos, militaban en los ejércitos imperiales. Según Amiano Marcelino, fue uno de ellos el que durante un duelo decapitó a un godo y se bebió su sangre, barbarie que aterrorizó a los asediantes y los indujo a retirarse; pero tal vez eran conscientes de que nunca serían capaces de tomar la ciudad, a pesar del exiguo tamaño de la guarnición después de la destrucción casi total del ejército imperial el año anterior en Adrianópolis. Las murallas, el fuego griego y una artillería mejor que la del enemigo la salvaron también en 1422 del asedio de los otomanos.

Como es lógico, la ciudad por antonomasia (aunque la cosa no está clara, Estambul podría derivar de εἰς τὴν πόλιν, *is tin bolin,* o εἰς τὰν πόλιν, *is tan bolin,* según la pronunciación jónica, «la Ciudad», más aún, «la Ciudad de Ciudades») siempre había estado en la mira de las potencias que limitaban con el imperio. Cayó dos veces, y la primera no a manos de potencias limítrofes (a no ser que consideremos tal a Venecia), ni de infieles, sino de cristianos, y fue en 1204, durante la Cuarta Cruzada, que, naturalmente, tendría que haber llegado a Palestina si no hubiera sido derrotada por los venecianos en Zara con el fin de solucionar la deuda contraída por los cruzados para su transporte; de allí se dirigieron a Constantinopla para reponer en el trono a Isaac II, que había pedido la intervención de Venecia cuando lo destronó Alejo III. El saqueo, como es sabido, fue brutal, y el botín, inmenso, como atestiguan los caballos dorados del Hipódromo que están en San Marcos de Venecia. Isaac II tendría que haber recuperado el trono; sin embargo, se estableció en el Imperio Latino de Oriente con el emperador Balduino, conde de Flandes y de Henao. El León de San Marco se llevó la mejor tajada de la porción europea; el resto (también en Europa, porque los conquistadores nunca tomaron Asia) fue la nueva tierra de conquista para los occidentales. Y cayó en 1261.

En 1453 se produjo la catástrofe. La gravedad del peligro se conocía desde hacía varios decenios, pues después del fallido ataque directo de 1422 los otomanos habían rodeado Constantinopla con la extensión de sus conquistas en Europa, y la ciudad era ya un *enclave,* un cuerpo extraño dentro del Imperio Otomano. Se buscaron acuerdos con los católicos de Occidente (concilios de Ferrara, 1438, y de Florencia, 1439). Con la llegada de Basilio Besarión a Italia, Occidente conoció de primera mano las grandes obras literarias y filosóficas griegas; él también contribuyó a formular el Acta de Unión entre las dos Iglesias, que suscribió y llevó a Constantinopla, aunque, dada la hostilidad contra el Acta, todo fue inútil, a pesar de que esta había recibido el acuerdo del basileo Juan VIII («el turbante del sultán es mejor que la tiara del papa», dijo, al parecer, el *megadoukas* Lucas Notaras). De vuelta a Italia, comenzó una carrera dentro de la Iglesia Católica que lo condujo a la púrpura cardenalicia y desempeñó cargos importantísimos hasta su muerte (1472). En Italia conoció la noticia de la derrota de Varna (1444), ciertamente esperada habida cuenta de que la campaña militar de los reyes de Hungría y Polonia (en la que participó también el hijo del vaivoda Vlad Dracul) parecía capaz de expulsar a los turcos del escenario europeo. En Bolonia se enteró de la caída de Constantinopla, el 29 de mayo de 1453, cuando, después de un sangriento asedio y de una resistencia desesperada de dos meses, invadieron la ciudad los jenízaros, que habrían podido saquearla durante tres días de no ser porque el sultán los detuvo entrando a caballo ya el 30 para tomar posesión de ella. Necesitaba una capital y unos súbditos, no una zona arqueológica y un cementerio. El emperador desapareció como había desaparecido Valente en el 378, y el patriarcado obtuvo el perdón cuando decidió reconocer lo inevitable: el triunfo del conquistador y el final de la Segunda Roma.

Fue una catástrofe epocal. La Edad Antigua y la Edad Media mediterránea habían terminado a la vez. Constantinopla continuó siendo la capital, «la Ciudad»... pero ya eran otro imperio y otro mundo. Desde entonces, la Tercera Roma estuvo en Rusia.

2. El centro de la cristiandad

Sede Apostólica

Toda sede episcopal que pudiera reivindicar una fundación apostólica era una sede apostólica. La sede romana no fue una excepción. Mejor dicho, pretendía serlo porque en sus orígenes estuvieron los príncipes de los apóstoles, Pedro y Pablo, y Gelasio I lo había reivindicado en el 494 dirigiéndose al emperador Anastasio:

> Si conviene que el corazón de los fieles se someta en general a todos los sacerdotes que tratan rectamente de las cosas divinas, ¿cuánto más convendrá demostrar unanimidad con el prelado de esa sede que la Suprema Divinidad quiso que fuera superior y que desde entonces el general y devoto amor de la Iglesia celebró ininterrumpidamente?

La documentación papal lo repitió después de un modo obsesivo, sin conseguir más que un respeto formal. Hasta el Concilio de Reims de 1049, presidido por el papa León IX, no se pudo establecer oficialmente la definición de sede apostólica por antonomasia, como reacción a la insistencia con que Cresconio II, obispo de Iria Flavia (ya entonces Santiago de Compostela, en realidad, aunque el título episcopal no tuvo ese nombre hasta 1095, con Urbano II), pretendía llamarse *iriense et apostolicae sedis episcopus*. Se trataba de una especie de concilio general con ocasión de la dedicación de la basílica de Saint-Remi y el traslado de las reliquias de san Remigio, en el que intervinieron no solo los eclesiásticos del reino, del imperio y de Francia, sino también los de Italia e Inglaterra. De improviso, «uno de los presentes», mientras se debatían problemas locales y generales relacionados sobre todo con las prácticas simoníacas, planteó el problema central: ¿alguien se atrevería a decir que el primado de la Iglesia universal pertenecía a una sede distinta a la de Roma? ¿Alguien había abusado del título de *apostólico?* No sabemos quién fue, pero la intervención (ajena al orden del día) no se esperaba y desconcertó a la asamblea, que se quedó en silencio. No había respuesta; ¿quién podría sostener algo semejante? Así pues, no era una pregunta, sino una afirmación. O quien lo dijo era muy ingenuo o el asunto se había acordado con los hombres del papa... Siguió la excomunión de Cresconio, con la aquiescencia general del concilio; entre otras cosas, porque la fundación apostólica de Compostela, dado el modo y dadas las circunstancias en que se había encontrado al apóstol Santiago, era dudosa, mientras que otras iglesias mucho más antiguas podían reivindicar una indiscutible y autorizada fundación apostólica. En la práctica no cambió nada: en Compostela, impertérritos, continuaron aduciendo la *apostolicidad* durante doce años más, y la excomunión de Cresconio, como la de los restantes obispos condenados en Reims, no tuvo efectos prácticos; pero algo comenzaba a cambiar, porque la apostolicidad no tenía que ver solo con la fundación, sino evidentemente con el *rango* de los apóstoles, con su papel entre los apóstoles todos. Nada nuevo, esto volvía a confirmar la primacía de la Sede Apostólica. Todo estaba dicho y escrito, pero decía también que la Sede Apostólica era *ontológicamente* distinta a las demás. Y había ocurrido con el acuerdo general de las Iglesias y en sede conciliar.

¿Y su obispo, el *papa*? ¿Era distinto también él? ¿Y por qué? Quizá porque Pedro estaba respaldado por las oraciones del propio Cristo, por las palabras de Jesús en la última cena: «Pero yo he rogado por ti para que no desfallezca tu fe» (Lucas 22, 32). Ningún otro apóstol habría podido aducir otro tanto. Y ninguno de los sucesores de los apóstoles y vicarios de Dios (los obispos) habría podido rebatirlo. Cuatro años más tarde, en el marco de la disputa teológico-eclesiológica con Miguel Cerulario y con Constantinopla, León IX citó el versículo de Lucas y aportó su exégesis: «¿Cómo puede ser juzgada la suma sede si su fe nunca puede desfallecer, es decir, si Roma nunca puede caer en la herejía?».

La propia carta de Gelasio I se convirtió en un pilar de la identidad de la Iglesia romana, porque el pasaje que hemos visto estaba precedido por estas palabras:

> Dos son, oh emperador augusto, los príncipes que rigen el mundo, la sagrada autoridad *(auctoritas)* de los pontífices y el poder público real *(potestas);* entre los cuales es tanto mayor

el peso de los sacerdotes cuanto que en el juicio divino serán llamados para dar razón también de los propios reyes de los hombres.

Humberto de Silva Candida tradujo en el siglo XI este principio: los «poderes públicos seculares» y la dignidad sacerdotal son «como el sol y la luna», los dos grandes astros que gobiernan el mundo y regulan sus ritmos vitales. El sol –influencia helenística y persa– había sido siempre el signo de la autoridad imperial, aunque, con la cristianización, el *sol* se había convertido en *Cristo*. Pero en el 1080 Gregorio VII invirtió los términos: la dignidad apostólica es el sol y la dignidad real es la luna. Un paso grande y escandaloso... Desde Gregorio nunca se volvió atrás. La Sede Apostólica, la *única* sede apostólica, da luz y vida al mundo.

Roma

Véase *Los fundamentales,* p. 13.

Roma, maravillas

Roma era un prodigio. Un prisma de representaciones fabulosas. Según escribió en el siglo IX Harun ibn Yahya:

> Tiene cuarenta millas cuadradas de largo y de ancho. Por ella corre desde el occidente un río [...] con el lecho todo pavimentado de bronce, y sus orillas están también construidas en bronce y enlazadas por puentes de bronce. En el centro de la

ciudad está la gran iglesia [...] con trescientas sesenta puertas, y en medio de la iglesia hay una torre que se eleva cien codos en el aire, culminada por una cúpula de bronce.

Al-Idrisi, geógrafo de la corte de Roger II, rey de Sicilia, sostenía hacia mediados del siglo XII:

Roma es una ciudad de vasto perímetro: de nueve millas, a cuanto dicen. Está dotada de un doble circuito de murallas de piedra [...] Por el espacio entre los dos circuitos corre un río cubierto de láminas de cobre, cada una de ellas de cuarenta y seis brazas de largo. El mercado se encuentra [...] debajo de unos pórticos de un volumen extraordinario, sostenidos por filas de columnas, cada una de treinta brazas de altura. Las columnas que flanquean la fila central son de oricalco bizantino con fuste, capitel y basa fundidos en el mismo metal [...] Existen en Roma mil doscientas iglesias; los mercados y las calles están pavimentados con mármol blanco y turquesa, y cuenta con mil baños. Hay, entre otras, una iglesia de factura excelsa [...] con un altar [...] de diez brazas de largo, todo él incrustado de esmeraldas verdes; lo sostienen doce estatuas de oro puro, cada una de ellas de dos brazas de alto y con los ojos de rubíes.

Enorme y llena de riquezas fabulosas, objetivo de saqueo irresistible como el que llevaron a cabo los sarracenos en el 846 y dos siglos y medio después los normandos (1084).

Las *Mirabilia urbis Romae,* de principios del siglo XII, ofrecen una representación menos inverosímil, pero igualmente fantástica. Naturalmente, en lo tocante al tamaño concuerdan con los estupefactos árabes: diecinueve kilómetros –por utilizar nuestra unidad de medida– de murallas y sus casi cuatrocientas torres, sus cuarenta y nueve castillos, doce puertas y cinco poternas, y todo esto sin incluir el Trastévere y la Ciudad Leonina en sí. Dentro de aquel amplísimo espacio, los vestigios de la Edad Antigua: diez arcos de triunfo, diez edificios termales, siete teatros, además del teatro Marcelo, que era el castillo de los Pierleoni, y del Coliseo, de ciento ocho pies de altura, llamado también *Cerchio Maggiore;* nueve puentes, imponentes columnas triunfales, como la de Antonino Pío, de ciento setenta y cinco pies de alto, con doscientos tres escalones y cuarenta y cinco ventanas, y la columna de Trajano, de ciento treinta y ocho pies, con ciento ochenta y cinco peldaños y cuarenta y cinco ventanas.

El Templo del Panteón, dedicado a «santa María siempre virgen, que es la madre de todos los santos»; el castillo de Octaviano Augusto en la puerta Flaminia, donde se enterraba a los emperadores y en el que se habían ido acumulando tantos puñados de tierra como reinos había sometido el Imperio Romano. Había adoptado la apariencia de un cerro, sobre el que se levantaba la iglesita de Sant'Angelo. El Capitolio, «cabeza del mundo», revestido de unos muros altos y sólidos. El Foro de Trajano, llamado «Palacio de Trajano y de Adriano», «donde hay una columna de admirable altura y belleza». Y el enorme circo de Tarquino Prisco (Circo Máximo), de espléndida factura.

Las zonas papales no les iban a la zaga: en el *campus lateranense,* donde se administraba la justicia, descollaba el imponente y dorado *Caballus Constantini* (la estatua de Marco Aurelio, un feliz equívoco que nos la ha conservado; igual que tal vez debamos estar agradecidos al saqueo de los venecianos por el que llegaron a nosotros los cuatro caballos dorados de Constantinopla...), pero lo que allí había era *sagrado:* «Hay cosas admirables, pero no pueden escribirse». La basílica de San Juan de Letrán, «la iglesia sacrosanta, a la que hemos decidido llamar, venerar y predicar como cabeza y vértice de todas las iglesias del orbe», palabras de la *Ordenanza de Constantino.* Según Pedro Damián (1057), «está situada de tal modo en el centro que supera a las otras dos como la cabeza a sus miembros». Justo allí se encuentra el *Patriarchium,* el palacio episcopal de la Urbe. En una *Descriptio* de los años de Gregorio VII (1073-1085) se dice que custodia el Arca de la Alianza: «el Arca de la Alianza del Señor [...] el arca está dentro, y el altar, construido conforme a la medida del lado, el ancho y el alto del arca, está en el exterior», pero alrededor del primer trentenio del siglo XII, la *Graphia aureae urbis Romae* afirma que era el Templo de la Paz, cercano al Palacio Laterano, el que custodiaba las reliquias de la sacralidad suma: el Arca de la Alianza, las Tablas de la Ley, la vara, las ropas y los ornamentos de Aarón, el maná, la vara con la que Moisés separó las aguas para abrir el paso hacia la Tierra Prometida, los incensarios, los candelabros y las cátedras de oro y plata del Templo de Jerusalén, botín de Tito y Vespasiano. En la segunda mitad del siglo, la *Descriptio* fue actualizada y ampliada: además del Arca, están el candelabro de los siete brazos, la vara de Aarón, las Tablas de la Ley, una urna con el maná, la vara de Moisés y unas reliquias de Cristo y de los dos Juanes. Este tesoro de reliquias se halla situado espacialmente *debajo* del altar. La Antigua Alianza es el fundamento de la Nueva Alianza.

Pero a comienzos del siglo XIII se escribió en un *ordo* romano que el Jueves Santo, durante la misa, la parte superior del altar mayor se trasladó a una capilla hasta el Sábado Santo, de modo que en el interior del altar se descubrió *un* arca, una caja de madera que contenía entre otras cosas dos ampollas con la linfa y la sangre de Cristo, además de la mesa de madera *(mensa)* en la que oficiaba san Pedro y que el papa Silvestre I quiso colocar en el altar lateranense. Las sacratísimas señales de la Alianza fundacional desaparecieron. San Pedro había triunfado.

San Pedro, justamente. Siguiendo con las *Mirabilia:* la gran basílica constantiniana del Vaticano, adornada con maravillosos mosaicos de oro, situada frente al Templo de Apolo, «llamado de *Santa Petronila»,* próximo al palacio de Nerón, con una piscina sostenida por preciosas columnas de pórfido, en la que el agua manaba de flores y delfines de bronce dorado. «Todo esto y muchos otros templos y palacios de emperadores, cónsules, senadores y prefectos existieron en esta ciudad de Roma en tiempos de los paganos, tal y como hemos leído en los anales antiguos, hemos visto con nuestros propios ojos y hemos oído de los antiguos». La conclusión de al-Idrisi puede ser también la nuestra: «Roma es tan majestuosa que no se puede describir, y tal es la cantidad y la calidad de sus excelencias que resulta imposible ilustrarlas como se debe».

Roma era un grandísimo prodigio. Naturalmente, no se puede pretender que los autores musulmanes fueran conscientes del hecho *fundamental* de que el pasado pagano e imperial y el presente cristiano y salvífico consagrado por la sangre de los príncipes de los apóstoles y de miles de mártires se superponían e incluso se integraban con naturalidad, sin dificultades, en un enorme espacio sagrado. Eran cosas cotidianas y naturales para los aislados habitantes de

Roma, pero dejaban estupefactos y sobrecogidos a los peregrinos que llegaban a la Urbe. «No tengo palabras para expresar lo mucho que me ha impresionado», escribió Ferdinand Gregorovius en 1852.

Peregrinaciones

Peregrinos son aquellos que se alejan de su mundo y de su sociedad para ir en busca de la voluntad de Dios, descubrir Sus designios para el hombre (como san Columbano y los monjes irlandeses) y entrar en contacto con lo sagrado allí donde lo sagrado se ha manifestado de un modo material. Roma no fue ni la meta principal ni la más temprana, ni siquiera después del jubileo de 1300, pero estuvo entre las principales, solo después de Jerusalén, teatro de la memoria del sufrimiento y la redención humana y divina, de la cual, desde el siglo IV, se vuelven realidad dura y palpable los textos sagrados: la emperatriz Elena, madre de Constantino (326), el viajero apodado «Peregrino de Burdeos» (333), obispos como Filastro de Brescia (375), Antíoco de Lyon (381), Justo de Lyon (385) y Petronio de Bolonia (hacia el 420), sacerdotes como Vigilancio (396) y Vincenzo, que volvió una segunda vez en el año 400, y monjas piadosas como la hispánica Egeria o Eteria (381-384). Creó el modelo arquitectónico de las rotondas (la *anástasis),* que atraviesa desde hace dos milenios distintas civilizaciones y culturas (cristiana, musulmana, judía). Y también el monte Sant'Angelo sul Gargano, ocupado por edificios sagrados organizados en torno a la gruta de San Miguel Arcángel, cuyo culto fue introducido por los bizantinos y que constituyó una etapa en el camino a Jerusalén, visitado a comienzos del siglo XI por los primeros caballeros normandos emigrados al sur de Italia con sus competencias militares especializadas. Santiago de Compostela, ininterrumpidamente desde el siglo IX hasta nuestros días. Le Puy, en Auvernia, donde se encomendaban al Santo Lebrel, san Guinefort, el perro protector de los niños inútilmente condenado por los inquisidores en el siglo XIII.

El peregrino se aleja de todos y de todo para emprender un camino fatigoso y arriesgado, se aleja incluso de su propia vida. Muchos peregrinos hicieron testamento antes de partir para Santiago de Compostela. La peregrinación estaba prescrita para perfeccionar la penitencia: «Un peregrinaje a las tumbas de los apóstoles o de otros santos, rezando sin cesar, dando limosna y conduciendo una vida irreprensible y santa» (aunque «no faltan personas tan necias que son capaces de creer que una sola visita a esos santuarios puede purificarlas de sus pecados», según Burcardo de Worms, en el primer cuarto del siglo XI, que cita el Concilio de Chalon-sur-Saône, 813). Y muchos peregrinos se inventaron una vida nueva deteniéndose en los lugares que jalonaban los caminos de la peregrinación. En Sahagún, Castilla la Vieja, que se encuentra en el camino de Santiago, las fuentes eran muy conscientes de que la integración daba lugar a nuevas identidades con las que se perdían las identidades de origen:

Se reunieron de todas las partes del universo provincianos de muchos y diversos oficios, vale decir, herreros, carpinteros, sastres, peleteros, zapateros, escuderos y hombres preparados en muchas y diversas artes y oficios. Y también personas de provincias y reinos varios y extranjeros, por ejemplo, gascones, bretones, alemanes, ingleses, borgoñones, normandos, tolosanos, provenzales, lombardos y otros muchos comerciantes de distintas naciones y lenguas extranjeras (Ubieto Arteta, 1987, *Primera crónica,* pár. 15, pp. 19-20).

La vía de la peregrinación proporcionaba espacios económicos de enorme importancia, cosa que sabía bien quien custodiaba las metas del peregrinaje. Cuando el rey Alfonso VII se enfrentó al arzobispo de Santiago, temió que «la muchedumbre de romeros y peregrinos que llegaban a las puertas de Santiago [...] dejaran de reunirse, de hacer la visita y, por consiguiente, de proporcionar los dones y limosnas de los que él mismo, junto con los canónicos, los pobres, las viudas y los huérfanos, disfrutaba para vivir con desahogo». Burcardo de Worms era muy consciente de las implicaciones de la peregrinación; según él, había poderosos

que con el pretexto de peregrinar a Tours o a Roma se dedican al comercio para sus intereses personales [...] y por pura avaricia [...] y también hay pobres que peregrinan para encontrar mayores posibilidades de mendigar, y entre ellos están los que, vagabundeando por distintos lugares, fingen que se dirigen a un determinado santuario.

A fin de cuentas, la peregrinación revelaba el entramado sustancioso de la vida con todas sus contradicciones: «El tiempo de la peregrinación es el tiempo de la vida presente, en la que somos siempre peregrinos y estamos siempre en lucha» (Santiago de la Vorágine, 1228-1298).

Legados

Los representantes permanentes del papa ante los reinos o sus enviados especiales *ad hoc* son fundamentales para garantizarle un cierto control a la Sede Apostólica (en la Baja Edad Media, Santa Sede) o hacer oír su voz. No siempre se los escuchaba, no pocas veces recibían insultos (en el Concilio de Verzy, de 991, Gerberto de Aurillac lanzó una invectiva contra «los monstruos [...] llenos de ignominia, carentes por completo de la ciencia de las cosas humanas y divinas») y no siempre tuvieron una vida fácil. Por ejemplo, en el año 1079, Gregorio VII, valiéndose de una mentira, excomulgó de repente a Teuzón, su embajador ante Guillermo el Conquistador (para quien mantuvo una enorme disponibilidad siempre, hasta el penúltimo año de su vida, en 1083, cuando perdió la paciencia y amenazó con la ruptura), poniéndolo así en una situación delicada y potencialmente peligrosa. No nos extraña que, una vez vuelto a Roma, Teuzón estuviera entre los que se oponían a Gregorio VII y apoyaban al otro papa *(antipapa)*, Clemente III, y, a partir de 1118, a un segundo y temible antipapa como Gregorio VIII (Mauricio Burdino)......

Los legados fueron siempre la voz de Roma, pero solo con Alejandro II y Gregorio VII se expresó con claridad su condición de *sustitutos del papa:* «Como si fuera igual que la presencia nuestra» (1071); «Con nuestra fuerza y la de nuestra autoridad» (1074). Más claro aún fue Pascual II (1099-1118) cuando declaró que en el legado debía verse el rostro físico, «la cara», del papa: «Así pues, os exhortamos, y al exhortaros os ordenamos que cuidéis de obedecerlo en todo, como a quien os lleva nuestra figura y nuestro rostro». Por lo demás, también el papa «en nombre de san Pedro hace de legado del propio Cristo»; y esta no es una opinión romana, sino la del arzobispo electo y no consagrado de Tréveris, Engelberto (1080), un oponente de Gregorio VII.

La legación significaba un gran compromiso, muchas veces difícil, pero también podía suponer una generosa remuneración. No faltan las anécdotas. Algunos testimonios del siglo XII hablan de iglesias que pagaban un auténtico «pellizco» a cambio de verse exentas de las rapiñeras visitas de los legados papales. Giordano Orsini, embajador en Francia, sacudía a las iglesias como se hace con las colmenas para recoger fácilmente la miel (Juan de Salisbury) y se había ganado una fama tan terrible que muchos, con tal de no recibir una visita de las suyas, que los habría arruinado económicamente, le entregaban una especie de rescate, como si hubieran sido sus prisioneros (san Bernardo); el tesoro de Cluny fue saqueado en 1126 por el legado papal; a los obispos de Luxeuil y de Langres, que presumían de un rango de legacía falso, la Tercera Cruzada les produjo más beneficios que gastos, considerando que cobraban la confesión a enfermos y moribundos. De nuevo, Juan de Salisbury, que sube la apuesta afirmando que los legados papales enloquecen como el propio Satanás que hubiera salido a flagelar a la Iglesia de Dios, y que se dan maña para provocar desórdenes y tener algo que arreglar para beneficiarse ellos, además de comportarse de tal modo que «todos les tienen terror y nadie los quiere; dan lecciones sobre el sosiego y provocan las peleas; aconsejan y simulan la humildad para reivindicar los fastos solo para ellos, condenando la avaricia ajena, favoreciendo la propia y predicando la largueza, firmes y tenaces en su tacañería». Adrián IV recomendaba a los legados que se cuidaran mucho de sus habituales latrocinios en Alemania «más que si fueran en el reino de Sicilia», donde Roger II ejercía un férreo y muy celebrado control, lo que no impidió que en 1166-1167 se acusara a Giovanni di Sant'Anastasia de ir y venir de Roma «cargado del oro de Sicilia». Pero, en realidad, la función de los legados era conseguir recursos para los papas y sus necesidades políticas... Eran portadores de la voz de Roma, pero también del escándalo, un auténtico *signum contradictionis,* perfecto reflejo o perfecta expresión de la misma Roma. Fueron famosos los legados en armas del siglo XIV, auténticos jefes militares, hombres enérgicos, políticos, expertos en leyes. Bertrando del Poggetto recibió en 1319 el cargo de legado en Lombardía, Toscana, Cerdeña, Córcega y el Patrimonio de San Pedro, de 1320 a 1334 participó directamente en las guerras (contra los Visconti, la Casa de Este y las ciudades) y, como rector de la Romaña y de la Marca, efectuó un reconocimiento de los recursos económicos de la Santa Sede de cara al proyecto, nunca llevado a cabo, de trasladar a Juan XXII a Bolonia, donde le preparó el palacio fortificado de Porta Galliera, cuyos frescos pintó Giotto (1330-1332).

También Anglic de Grimoard (el «cardenal ánglico»), de 1368 a 1371 vicario general de Bolonia y la Romaña, conocido por su muy precisa *Descriptio Romandiole* (1371), intervino con enorme energía y dureza militar. Gil Álvarez de Albornoz, legado en Italia y vicario general de la Santa Sede, guerreó a lo largo y ancho de toda la península italiana entre 1353 y 1367 (en 1364 fundó en Bolonia el Colegio de España para los estudiantes españoles del Alma Mater, que desde el siglo XIV pertenece a España). Se puede decir que gobernaron a punta de pluma y de espada.

Deus in terris

Igual que lo había sido el emperador en el tardo imperio, lo fue el papa en el siglo XV. Desde tres siglos antes el papa había procedido a una auténtica *imitatio imperii*. Por lo demás, si el pontífice era el dueño de la corona imperial, ¿por qué no iba a disfrutar también de la dignidad imperial? Así se había transcrito el *Ordo coroniationis* imperial en el *Liber Censuum* de Cencio el Camarlengo (luego papa Honorio III, 1216-1227). Cuando Bonifacio VIII pronunció el 8 de noviembre de 1302 la célebre frase: «Nos declaramos, decimos, definimos y afirmamos que toda criatura humana está en todo, por necesidad de salvación, sometida al pontífice romano» *(Unam Sanctam),* no decía nada revolucionario, ni siquiera especialmente innovador. Habían participado en su redacción teólogos y juristas como Egidio Romano y Matteo d'Acquasparta, que se limitaron a desarrollar lo ya afirmado en los siglos XII y XIII. Pero la palabra del papa estaba sancionada con su autoridad papal y, por tanto, era verdad absoluta.

Ninguno de los papas que sucedieron a Bonifacio VIII, ni en Aviñón ni después en Roma, y ninguno de los papas que contendieron por el solio de Pedro durante los dos cismas, el grande y el pequeño (1378-1405, 1439-1449), se volvió nunca atrás. *Deus in terris* aparece precisamente en el siglo de los cismas y de los escándalos. Jamás se había llegado a tanto; antes el papa era *vicarius Christi,* pero resultaba bastante lógico que, si era suya la corona imperial y toda criatura humana le estaba sometida, fuera el auténtico emperador, y puesto que poseía las dos espadas, la espiritual y la temporal, tuviera la autoridad de Cristo y de su vicario

Pedro. El título de «Dios en la tierra» se le ajustaba a la perfección. Aunque la figura papal estuviera enormemente desacreditada, aunque estallaran por doquier escándalos de todo orden, aunque Alejandro VI Borja (1492-1503) tuviera varias amantes oficiales y diez hijos, los papas participaron sin escrúpulos en todos los asuntos y en todas las guerras de Italia, y no solo eso, porque cuanto más desacreditados estaban, más rimbombante se volvía el título. El pontífice era capaz de transformar su debilidad en fuerza porque podía decidir y cambiar sus aliados políticos maniobrando con la enorme riqueza de los diezmos que llegaban a Roma procedentes de la cristiandad católica para comprar, vender, engañar y traicionar.

Lutero estaba a la vuelta de la esquina...

3. Los mundos de la oración

Monacato

Las primeras experiencias monásticas se remontan a los siglos III-IV. Su *carácter originario* es la *apotaghé,* la renuncia al mundo, a la voluntad propia y a las pasiones, con lo que el hombre regresa al Edén, a la «armonía de la creación restaurada» (Saraceno), y anticipa en su propia experiencia vital la vida angelical, la vida nueva y eterna. Es la traducción, adaptada a la cultura de la nueva religión cristiana, de las antiguas búsquedas de la sabiduría, el *láthe biôsas,* «vive escondido», de Epicuro, con el objetivo de dominar las pasiones, recuperar así la unión con el ser auténtico y profundo y alcanzar el conocimiento de uno mismo y de la esencia de las cosas: *gnôthi seautón,* «conócete a ti mismo»... El *monacato* se llamará en términos técnicos *philosophia* al menos hasta el siglo XII. Es la búsqueda y la necesidad del *verdadero* conocimiento, el de Dios, que lleva a los hombres a elegir la soledad (*mónos*) y el aislamiento (*éremos*), ¿y qué mayor aislamiento que el del desierto (*desertum*)? En la Tebaida egipcia se experimentaron las primeras formas de vida ascética (*anachorésis*), pero san Jerónimo se formó y lo probó en Calcídica. Las formas de aislamiento fueron múltiples: los *dendritas* y los *estilitas* ponían entre ellos y el mundo la altura de los troncos de los árboles o de las columnas; los *sideróforos* se aislaban dentro de unas pesadas corazas de hierro (en el siglo XI lo hará también santo Domingo Loricato); los monjes se apartaban incluso de la luz (Rutilio Namaziano, hacia 420, los llamó «lucífugos»). El cuerpo del monje es un *espacio sagrado*.

«Un duro trabajo material y psíquico consigo mismos»: La soledad es por naturaleza una experiencia extrema, que las condiciones objetivas de vida hacen aún más terrible, y puede ser el espacio de la tentación por excelencia, donde el diablo es capaz de actuar sobre todo por el deseo de sentirse probados y perfectos y de considerar ya conquistados el conocimiento de uno mismo y la sabiduría divina. Es el mismo género de tentación al que el diablo sometió a Jesucristo, el de la *soberbia,* el pecado que lo originó todo, el de Adán y Eva (la *hibris* de la cultura griega). ¿Se puede confiar en alguien que afirma haber hallado en el éxtasis lo que fue buscando al *desertum*? Y más superficialmente, ¿cabe excluir que quien afirma haber tenido una experiencia divina no haya experimentado solamente alucinaciones? ¿Cómo evitar su efecto negativo en los hombres que pueden engañarse y seguirlo?

De ahí el paso del *eremitismo* al *cenobitismo.* El monje, precisamente para garantizarse la eficacia de su trayectoria individual, necesita un control y una asistencia espiritual continua por parte de otros hombres como él, capaces de vigilarse los unos a los otros, porque la elección del monje es demasiado radical e importante para fracasar. Las comunidades que empiezan a formarse (la primera alrededor del *anacoreta* Antonio, hacia el 306) marcan un *espacio propio*; con Pacomio (hacia el 320) aparecerá el muro que ciñe y separa del mundo exterior el escenario de las actividades cotidianas de los monjes: el *claustrum.* El monje en torno al cual se reúnen los demás será el *padre,* el guía espiritual al que, en coherencia con el marco cultural judeohelenístico del cristianismo, se alude con una palabra hebrea: *abba,* el «abad». Con el tiempo, se adoptarán medidas cada vez más precisas, tanto en Oriente (Basilio de Cesarea) como en Occidente, donde la memoria de las experiencias monásticas orientales llegará con Atanasio de Alejandría. La *Vida de Antonio,* que lleva consigo a su exilio de Tréveris (la ciudad de Constantino I, la *Roma alternativa),* influirá en las necesidades análogas y comunes, porque la del tardo imperio es una sociedad cultural cohesionada, asimilada.

En el primer cuarto del siglo V, precisamente en la Galia, Juan Cassiano, originario de las fuentes del Danubio, que vivió veinte años en Egipto y Palestina para incorporarse luego al clero de Constantinopla, escribe un texto fundamental, el *De Institutis coenobiorum,* que regula la vida de los monjes. No inventa nada, pero la gran novedad es que coordina las enseñanzas dictadas por las experiencias precedentes. El camino de la ascesis pasa por el acto de confiarse totalmente al *abba,* pero la autoridad del abad, representante de Cristo, no debe aplastar la libertad y la autonomía del monje; debe ser el primero en ejercer la *charitas,* el amor fraterno, y al mismo tiempo la autoridad que

44

oblige a llevar a la práctica los preceptos evangélicos, con las Escrituras siempre a mano para estudiarlas intensamente, meditarlas y hacerlas propias. Impone la *stabilitas,* la obediencia, el control de las pasiones (negación de la voluntad propia, pobreza, castidad); la vida en común es un aprendizaje que conduce a lo ambicionado, pero no el inevitable paso a la perfección superior del eremitismo. La *regla* de san Benito (mediados del siglo VI) hará suyos los fundamentos de toda la historia vivida y escrita hasta entonces.

Monacato benedictino

Las noticias sobre Benito de Nursia proceden de la obra del papa Gregorio I (590-604), que pretendía subrayar ante todo el carácter ejemplar de su experiencia religiosa. Son poco seguras, e incluso las fechas son más un resultado de deducciones que de testimonios. Nació hacia el 480 en una familia acomodada que lo envió a Roma para que estudiara retórica y derecho. Roma había sido saqueada y destruida por Alarico (410) y Genserico (455) y transformada por la cristianización, que salvó solo el Panteón, pero continuaba siendo Roma, y si ya no era el centro del mundo, seguía siendo la segunda capital del imperio, con su clase dirigente de *optimates* y senadores, a la que pertenecía el primer príncipe de Roma, consciente de ser el príncipe *único,* Gregorio I, y con escuelas de formación que habilitaban para la carrera en la administración imperial. Pero Benito (como hizo Pedro Damián en el siglo XI, que siguió la misma trayectoria de estudio) abandonó el mundo y emprendió el camino de la ascesis. Fue eremita y luego maestro. La comunidad de Vicovaro lo quiso como guía, pero era demasiado riguroso y estuvo a punto de ser asesinado. Más tarde, en Subiaco, se congregó en torno a él otra comunidad, pero los nuevos enfrentamientos con los monjes lo convencieron de abandonarla y se estableció en la ladera de Montecassino con los discípulos que quisieron seguirlo. Había recorrido todo el itinerario de la vida eremítica y cenobítica. Era más o menos el 529. Desde entonces, y quizá durante treinta años, trabajó en una codificación escrita.

En su *Regla* recogió las experiencias precedentes, pero también las suyas personales. Indica con precisión cuáles son las relaciones debidas entre los monjes y el abad, entre los novicios y los ancianos; basa la organización de la vida comunitaria en las virtudes fundamentales de la obediencia y la humildad, en el desprecio de los bienes materiales, en la *labor.* Todo está regulado, desde la organización de la jornada hasta el vestido sencillo y pobre del monje, pero según líneas generales y significativas, lo que permite una elasticidad interpretativa que concede a la *Regla* la máxima ductilidad posible. Estudio, meditación, prácticas ascéticas, son los *doce peldaños de la humildad.* «Después de subir todos estos escalones de la humildad, el monje alcanzará ese amor a Dios que es perfecto y ahuyenta los temores». El monje debe ser sobre todo humilde y *discretus,* es decir, capaz de *discernimiento* y moderación (una de las principales cualidades del *vir bonus* antiguo), pero siempre en el marco del abandono de sí y de su voluntad en manos del *pater-abba:* «Lo que se hace sin el consentimiento del padre espiritual no se atribuirá al mérito, sino a presunción y vanagloria». No salvan siquiera las rectas intenciones. En la

Vida, de Odón de Cluny (mediados del siglo X), se cuenta que el santo calificó de «vanagloria» el profundo deseo de expiación de un monje que exageraba por su cuenta la mortificación. Será la propia comunidad la que elija al abad como espejo de su unidad y como guía; el abad será siempre una figura carismática, en la que el monje *delega por entero* su salvación y a la que se entrega también *por completo.*

Y esta es la gran novedad: el fundamento de la comunidad ya no será el abad, sino la *Regla.* El abad solo puede interpretarla, pero ni él ni nadie podrá intervenir jamás para modificarla. Es el principio de la *interpretatio,* principio jurídico fundamental del derecho romano que ha llegado hasta nosotros. En resumen, Benito entiende su *Regla* como *ley* en todos los aspectos. Por ejemplo, establece límites para el trabajo manual, que tiene un carácter casi excepcional; por lo demás, en el mundo de procedencia de Benito, en el que vivía, el trabajo manual era propio de esclavos o, en el mejor de los casos, de plebeyos. Será un problema esencial que se planteará continuamente: ¿se debe trabajar, sobre todo para evitar la ociosidad (el *otium* de los patricios paganos, quizá lleno de cultura, pero la cultura del monje es *negotium, labor,* «compromiso», «esfuerzo»), o porque es una condición necesaria para la vida de la comunidad?

Hoy se cree que murió en torno al 560 (y no en el 547, como se pensaba hasta no hace mucho, aunque continúa repitiéndose). Hacia el 580, los longobardos destruyeron el monasterio de Montecassino. Los monjes huyeron y la diáspora de la pequeña comunidad facilitó la difusión de la *Regla* benedictina. Gregorio I la introdujo en Roma; Agustín, el misionero enviado por él a Inglaterra, la llevó consigo, y en el siglo VII se fundaron dos monasterios que llegarían a ser abadías muy importantes: Peterborough y Malmesbury. En la primera mitad del mismo siglo, la *Regla* entró en Bobbio. En el 672 se llevaron las reliquias de san Benito a Fleury-sur-Loire y en el siglo siguiente comenzó la época de la hegemonía de la *Regla* benedictina. El monacato benedictino fue ampliamente adoptado por el episcopado franco entre los siglos VII y VIII por la precisión y al mismo tiempo la ductilidad de su *Regla,* que ofrecía la posibilidad de replicar *uniformemente* experiencias fundamentales idénticas allí donde se advirtiera la necesidad. En el 717 se recuperó la comunidad de Montecassino y desde entonces las nuevas fundaciones fueron todas benedictinas. Los reyes y los emperadores carolingios contribuyeron a difundirlas más allá del reino. El propio Carlomagno pidió a Montecassino el texto *exacto* y *auténtico* de la *Regla,* que se convirtió en el pilar de la vida monástica del imperio; en la práctica, la *única forma posible* de vida monástica.

Pero algunos monasterios se transformaron en *comunidades de canónigos,* según el modelo de san Agustín, revisado y puesto a punto por Crodegango de Metz. De ese modo, se creó la base de un soterrado y constante antagonismo entre monjes y canónigos (Ademar de Chabannes, monje del siglo XI, hablaba de la «bestialidad de los canónigos»). En el 816 y el 817, dos leyes imperiales, inspiradas por un favorito del emperador, Benito de Aniane, regularán la vida canónica y la monacal.

Es la señal de un enorme cambio, que comienza por el reclutamiento de los monjes. Las abadías grandes o pequeñas (aunque sobre todo las grandes, según el modelo carolingio), en las que se recluían los miembros de la aristocracia de las más altas esferas, jalonaron y caracterizaron el paisaje no urbano: espacio sagrado, definido por los pergaminos de los privilegios y de la *sacertas* que procedía de la basílicas monásticas, de las celebraciones litúrgicas, del eco de los cantos sacros. Comienza así la larga edad de las grandes comunidades: Fulda, San Galo, Reichenau, de las imponentes dotaciones de bienes, siervos y colonos para proporcionar a los monjes la libertad de dedicarse al culto de lo sagrado, a la oración, a la intercesión por sus protectores, reyes, emperadores, nobles y obispos.

Cluny

Y es también la época en la que se difunden los monasterios *privados.* Ya desde los primeros siglos de la Edad Media, cuando la cristianización asumió la gestión de la muerte, las familias de nobles habían fundado capillas o iglesias para su sepultura. Cluny nació (909 o 910) como *monasterio privado* de Guillermo, conde (entre otros lugares) de Mâcon y duque de Aquitania, yerno de Bosón (rey de Provenza desde el 897), de antigua y altísima aristocracia carolingia, que se estaba retirando de la Septimania.

La historia de Cluny es tan conocida como compleja. Es el culmen de la *aristocracia de la oración* de los siglos X-XII, tanto desde el punto de vista social como por lo que respecta a las prácticas religiosas y culturales, la liturgia elaboradísima y la música coral, canto davídico de alegría e himno a Dios, la invención de la virginidad masculina como atributo intrínseco del monje, la invención del culto a los difuntos y la experimentación con una estructura institucional complicadísima y siempre en evolución, que en la primera mitad del siglo XI produjo una sociedad monástica organizada de un modo piramidal, abadía-madre, prioratos, decanatos; todos a las órdenes del abad. A Odilón (994-1049) lo llamaron polémicamente «rey», *rex Oydelo*. Naturalmente, no debemos pensar en una organización de tipo prefecticio-napoleónico, sobre todo porque se carecía de los instrumentos necesarios para dirigir una organización de ese tipo; sin embargo, nunca hemos dejado de considerarla, erróneamente, inspiradora y punto nodal del sistema de reformas que modificó poco a poco la Iglesia (*católica* solo a partir de 1054, después del cisma de las Iglesias orientales, que no se advirtió como tal hasta diez años más tarde) hasta transformarla en la *monarquía papal*. En realidad, hoy sabemos que Cluny contribuyó episódicamente en aquellos procesos de reforma y que, en todo caso, fue una antagonista silenciosa (aunque no siempre demasiado) de la Iglesia de Roma.

Cluny no podía pasar indemne por la historia, pero algunos de sus principios fundamentales se instituyeron desde los orígenes, desde los tiempos de Odón, el primer gran abad (927-942). La vida del monasterio se caracterizaba sobre todo por el silencio, y la comunicación interpersonal consistía en un sistema de signos; nada nuevo, no se trataba de un invento cluniacense; la actuación de Odón no era tanto *reformadora* como *restauradora*. Pero tenía consecuencias, porque vivir la cotidianeidad en silencio significaba vivir como *eremitas,* realizar el principio de la *unicidad* de cada monje en el contexto de la vida en comunidad y en la formación cultural permanente y el aprendizaje continuo de la vía ascética *guiada*. El objetivo supremo era conseguir la aproximación *mística* a Dios a través del conocimiento *ra-*

cional. De ahí la importancia del estudio de la música, arte sublime que acercaba los ánimos a Dios y que a mediados del siglo XI se definía como «la culminación de las artes divinas y humanas», representante de la dimensión *dionisíaca* por excelencia, aunque guiada y controlada por las reglas de la razón. En suma, en Cluny no podía darse ninguna forma de *jam session...,* aunque la teoría y la práctica musicales contaban con formas de intervención vocal en el pentagrama. Odón fue un gran teórico; su música, escrita para expulsar «todo deseo diabólico del corazón de los oyentes», se desarrolló a lo largo de decenios, y la polifonía se hizo tan característica de Cluny que fue objeto de las polémicas más encendidas por parte de sus grandes adversarios y rivales, los cistercienses del siglo XII, así como por pensadores-polemistas como Juan de Salisbury, secretario de Tomás Becket:

> Quieren ablandar a las almas trémulas y atónitas con el lujo de la voz impúdica, con una cierta ostentación de sí, con modos afeminados de notitas y continuas síncopas. Cuando oyes las más que suaves modulaciones de estos que precantan, subcantan, cantan, decantan, intercantan y obcantan, lo crees un concierto de sirenas, no de hombres, y te maravillas de la facilidad de las voces, a cuyo lado no pueden estar a la par el ruiseñor o el papagallo o cualquier otro que haya más sonoro. Tal es la facilidad de subir y bajar, tal el arte de dividir y redoblar hasta las notas más breves, tal la capacidad de repetir cualquier inciso, de reforzar las unidades melódicas, así las notas agudas y agudísimas están atemperadas por otras graves y subgraves, que casi se les roba la autoridad a los oídos, que son la sede del juicio, y el ánimo, que se ha visto acariciado por la gracia de tanta

suavidad, no basta para examinar los méritos de lo que ha oído. Y si estas cosas superan la medida, podrán excitar con mayor facilidad la picazón de los flancos que la devoción del ánimo (Ioannis Saresberiensis, 1993, I. 6, pp. 48-49).

El *labor* cluniacense para gloria de Dios era de gran esfuerzo físico y mental, hasta el punto de que se daba a los monjes tisanas reconfortantes a base de miel y ajenjo. Las voces debían ser *blancas,* porque la voz sexualmente inmadura es la voz de los *ángeles.* De ahí la invención de la virginidad masculina. Y de ahí que la conmemoración litúrgica de los difuntos registrada en los grandes rollos de las abadías del sistema cluniacense, e institucionalizada con la celebración del 2 de noviembre, que se superponía a las fiestas antiguas en las que los muertos volvían para visitar a los vivos y las sustituía (aunque no siempre con éxito, como demuestra Halloween), cosechara un éxito general en el mundo de los laicos y de los eclesiásticos, hasta el punto de que Pedro Damián amenazó con tomar represalias si no lo incluían, porque los ángeles estaban más cerca de Dios y, por tanto, sus oraciones llegaban a Él antes que las oraciones de los demás, y así la salvación ultraterrenal y la paz eterna quedaban garantizadas.

La vida comunitaria impuso también un hábito sencillo y uniforme (progresivamente negro) que ocultaba las diferencias sociales, si bien no borraba los orígenes casi siempre aristocráticos (aunque no solo), y atraía a los laicos, pero indignaba a los religiosos, que veían en él la señal de una voluntad de supremacía dentro de la familia benedictina. Solo podemos entender su importancia teniendo en cuenta las quejas del Concilio de Reims (972), que describían a los monjes envueltos en trajes costosos, coloridos, amplios, fluctuantes y apretados en la cintura: «Así, con las caderas marcadas y el trasero apretado, vistos por detrás más que monjes parecen putillas». Aunque eso no quita que en Montecassino se escribiera un siglo más tarde: «La tonsura y el hábito de los cluniacenses [...] son evidentemente contrarios a la *Regla*». Un hábito que Dante describe en el canto XXIII del *Infierno*, 61-63: «Tienen sus capas como aditamento / larga capucha que a los ojos baja, /cual se lleva de Cluny en el convento»[1], pero está hablando de los *hipócritas*.

Cluny fue una comunidad compacta, en la que los hermanos eran corresponsables los unos de los otros y respondían como individuos y como grupo al abad, el representante de Dios. Una comunidad que era garantía de salvación para los cristianos. Tales son los motivos del enorme éxito, muy cercano a la hegemonía, de la *Ecclesia* cluniacense y de la construcción de su imperio y, al mismo tiempo, de la esencial alteridad con respecto a la Iglesia romana, cosa que la propia Roma no tuvo más remedio que tolerar hasta que la institución de la monarquía papal dispuso de los instrumentos necesarios para imponerse. El propio Gregorio VII no pudo hacer otra cosa que protestar ante el abad Hugo de Semur (1049-1109), pero en el primer cuarto del siglo XII Cluny se reorganizó con el escándalo: un abad excomulgado, la abadía invadida a mano armada y el tesoro saqueado por los legados papales. Vino luego un trabajoso proceso de reconstrucción por obra

1. Dante Alighieri, *Divina comedia,* trad. Atilio Echeverría, prólogo de Carlos Alvar, Alianza Editorial, Madrid, 2013. *(N. de la T.).*

del abad Pedro el Venerable (1122/26-1156), su reorganización frente al agresivo y cada vez más hegemónico orden cisterciense de san Bernardo y la redefinición conforme a la nueva cultura que se estaba imponiendo cada día con mayor fuerza: la cultura dialéctica y jurídica. Pero tras la muerte de Pedro el Venerable, volvió el escándalo, mejor dicho, el caos: cismas monásticos, asesinato de un abad, implicación en los cismas papales, divisiones internas, pérdida de monasterios prestigiosos... hasta que a finales del siglo se convirtió, como todas las demás Iglesias, en un mero peón, la etapa culminante de la prestigiosa progresión de una carrera. Y su sistema institucional, incluido el mecanismo de las visitas periódicas de los numerosos monasterios que continuaban dependiendo de Cluny, quedó homogeneizado con el de las demás órdenes. A partir de este segundo periodo es cuando se puede hablar de un *mundo monástico.* Hasta entonces la experiencia monacal se había vivido en una serie de *mundos monásticos* paralelos y diversos, *diversi sed non adversi* («diversos pero no adversos»), como aparece escrito en las reflexiones del siglo XII.

Cluny continuó siendo fabulosamente rica y poderosa (Boccaccio, *Decamerón* I, 7: «Un abad de Cluny, considerado el prelado más rico que por sus rentas tenga la Iglesia de Dios, aparte del papa»)[2]; los cardenales Richelieu (1624-1642) y Mazzarino (1642-1661) fueron abades comendatarios, pero la historia no había pasado en vano.

---

2. Giovanni Boccaccio, *Decamerón,* trad. María Hernández, Cátedra, Madrid, 1994. *(N. de la T.).*

Pedro Abelardo

Pedro Abelardo es quizá más conocido porque sus amores con Eloísa (treinta y ocho años él, diecisiete ella) fueran castigados con la castración por el tío de la joven, así como por la persecución de que fue objeto por parte de san Bernardo, que por la relación con aquella mujer de excepcional valor y enorme categoría intelectual y espiritual; una mujer inteligente, apasionada y transgresora. La historia de Abelardo concluye en Cluny, donde encontró refugio por voluntad de Pedro el Venerable después de la tremenda condena solicitada por san Bernardo y obtenida en el Concilio de Sens (1140) en una asamblea de prelados borrachos y flatulentos, según la amarga sátira de Berengario Escolástico (uno de los primeros ejemplos de la literatura *goliárdica*), y donde pudo enseñar dialéctica y lógica a los monjes hasta su muerte (1142). Abelardo fue uno de los grandes maestros de comienzos del siglo XII, y no siempre se recuerda que en el lugar en que fundó su prodigiosa escuela (Sainte-Geneviève) se levantó la Sorbona. Fue alumno de Roscelino y de Guillermo de Champeaux, canónigos regulares y creadores del Estudio de París. Aunque la regla fundamental de los canónigos se había establecido durante el reinado de Ludovico Pío, a partir de la segunda mitad del siglo XI su experiencia institucional fue muy innovadora; se vieron promovidos y favorecidos sin distinción por papas y obispos durante la querella de las investiduras, y los cistercienses imitaron y adoptaron su hábito y el mecanismo institucional que ellos habían establecido (los capítulos de sus colegios).

A 1116 se remonta la primera regla para las comunidades de canónigos que no estaban relacionados con las iglesias

catedrales (las colegiatas), elaborada en el exarcado filoim-
perial, en Santa Maria in Porto (Rávena), anticipada ya en
los años de Pedro Damián (muerto en 1072) y aprobada
por el papa. Siguieron en Bolonia las comunidades de Santa Maria di Reno y de San Giovanni in Monte, que adoptó
una regla propia, tal como hicieron en Roma los canónigos
de San Juan de Letrán. Una regla había disciplinado también las comunidades formadas en Galia y en Francia, la de
San Rufino, en la Provenza, y la más importante de todas,
la de San Víctor en París, fundada por el dialéctico Guillermo de Champeaux en 1100, convertida enseguida en faro
de los estudios teológicos y dialécticos y donde Hugo y Ricardo de San Víctor fueron grandes maestros. Los años
veinte y treinta fueron la época de Norberto de Xanten y
de su comunidad de Prémontré, fundada a instancias del
obispo de Laon. Las ideas de Norberto eran severas: pobreza, ascesis, trabajo manual y predicación (aunque solo
han quedado algunos indicios, la lucha por las investiduras
había incluido una intensa actividad predicadora en latín y
en lengua vulgar para aprovechar todas las posibilidades);
y, por tanto, estudio de las disciplinas sagradas y de la comunicación para saber predicar. En 1126 Norberto se convirtió en arzobispo de Magdeburgo e inició con mucho éxito una intensa actividad misionera en el este eslavo. A su
muerte (1134), Prémontré era una congregación. Se trataba
de un modelo intermedio, a caballo entre la vida monástica
(vida comunitaria en la pobreza, la ascesis, la obediencia al
jefe de la comunidad, decano, preboste o abad) y la vida
del clero secular, ya que los canónigos regulares surgieron
precisamente para garantizar el buen funcionamiento de
las iglesias y, por tanto, debían dedicarse a la *cura anima-*

rum y a la enseñanza para ofrecer la preparación necesaria. Estaban en el corazón del mundo, en las vías de comunicación, proporcionando sostén a los viajeros y a los peregrinos; y en los campos, como células de organización de los fieles y soporte de las estructuras diocesanas, en las ciudades y en las escuelas.

Los canónigos regulares se convirtieron en los «intelectuales» del nuevo siglo. Guillermo de Champeaux, Roscelino, los «dialécticos», fueron los impulsores del naciente Estudio de París; Guillermo hizo también de negociador con el emperador por cuenta de Calisto II (1119). La lógica no era un arte abstracto, sino una práctica precisa y preciosa; era el arte de disponer los argumentos, seleccionar, analizar, fraccionar y resolver los problemas; por esa razón, todas las negociaciones del siglo XII para resolver la querella de las investiduras se gestionaron con instrumentos intelectuales innovadores y con hombres dotados de capacidad para exponer y persuadir. Algunos de los mayores pensadores del siglo XII pertenecieron a los canónigos regulares: Anselmo de Havelberg, Gerhoch de Reichersberg; fueron alumnos *(scholares)* de Abelardo hombres como Arnaldo de Brescia, Juan de Salisbury y Rolando Bandinelli, que luego sería Alejandro III; la profundidad intelectual no predisponía necesariamente a la herejía, como afirmaba el abad de Claraval... Era el mundo nuevo. Mientras que el *Studium* de Bolonia preparaba a los hombres que iban a integrar los nuevos grupos dirigentes (los juristas y los magistrados del *comune* medieval italiano), el de París fue la sede de estudio que elegían los *intelectuales* que solo poseían su formación cultural y la capacidad de análisis y de representación de la realidad y que, precisamente por ese motivo, fueron variadamente integrados en el sistema de gobierno de la Inglaterra de los Plantagenet.

Abelardo fue uno de los sostenedores del *nominalismo:* las palabras designan las cosas, no viceversa, y por eso hay que cuidar su uso para evitar malentendidos capaces de provocar resultados peligrosos. No hay que sentir temor ni de discutir ni de afrontar los argumentos: es famoso su método del *sic et non,* «sí y no», que no fue invento suyo, ya que siempre formó parte del bagaje de la cultura retórica, aunque él lo actualizara como *mecanismo* y, si se quiere, como fundamento de la *dialéctica negativa,* perfeccionada a su vez en un campo totalmente innovador por Graciano (hacia 1140), el boloñés que elaboró la disciplina canónica comparando las opciones contrastantes y proponiendo soluciones confiadas a los intérpretes del derecho. Su modelo de *tesis-antítesis-síntesis* es varios siglos anterior a Friedrich Hegel. El método dialéctico de Graciano abrió las puertas a la formación de una nueva figura *profesional,* la de los *docentes de derecho.* El mismo proceso estaba en marcha en París con los maestros de teología. Ivo de Chartres y Roscelino fueron contemporáneos; Graciano y Abelardo fueron contemporáneos. La lógica examinaba el mundo. La lógica dejaba su huella en el mundo. La lógica era un instrumento autosuficiente. ¿Era la lógica la nueva forma del mundo? La lógica es soberbia y negación de Dios, tronó Bernardo de Claraval. Sus cistercienses fueron enemigos jurados de los canónigos regulares. Y Abelardo resultó su primera y más ilustre víctima.

Eloísa, obligada a la sabiduría y encerrada en el monasterio, mantuvo hasta el final la relación epistolar con su exmarido y padre de su hijo (Astrolabio, el nombre de un instrumento científico y no el de un santo). Declaraba abiertamente que era ajena a las competiciones por la hegemonía de la salvación que agitaban el mundo de los hombres. Hace una observación sensata que Abelardo interpreta como una tontería femenina: «No busco la corona de la victoria, me basta con evitar el peligro; es más seguro que entrar en guerra. Me será suficiente con cualquier rinconcito de cielo en el que Dios me coloque. Allí nadie envidiará a otro, porque a todos les bastará con lo que tengan». Abelardo se enfada. Responde una página tras otra, pero no encuentra un argumento que oponer. La lógica, esta vez, no lo asiste.

Geoffrey Chaucer

Geoffrey Chaucer fue uno de los primeros grandes escritores en lengua vernácula inglesa. Comenzó a escribir sus *Cuentos de Canterbury (The Canterbury Tales)* entre 1386 y 1389 y murió el 25 de octubre de 1400 sin haberlos completado. Fue un hombre de notable cultura (conocía el latín, el francés y el italiano, este último tan bien que podía citar a Dante) y de grandes experiencias políticas. Al servicio de Eduardo III, que contribuyó a su rescate cuando cayó prisionero en el asedio de Reims durante la primera fase de la Guerra de los Cien Años (1360), cumplió varios encargos en Francia e Italia (Milán, Génova y Florencia); con Ricardo II fue superintendente de la aduana del puerto de Londres y miembro del Parlamento como representante del condado de Kent. Vivió en una época difícil: la Guerra de los Cien Años y el gran Cisma de Occidente (1378-1417), cuando el reino de Inglaterra reconoció a los papas romanos, y el reino de Francia, a los de Aviñón. Sus numerosas misiones atestiguan la capacidad que le reconocían.

La obra, como se sabe, es el relato en verso de un viaje a Canterbury durante el cual se invita a sus protagonistas, personajes de extracción muy variada, a contar historias para entretener a la compañía, en la que hay dos exponentes del mundo monástico:

> También había una monja, una priora que sonreía de modo natural y sosegado; su mayor juramento era: «¡Por San Eligio!» *(patrono de los joyeros)* [...]. Hablaba un buen y elegante francés [...] En la mesa mostraba una exquisita cortesía [...] Mostraba gran interés por los buenos modales [...] Era muy alegre, agradable y amistosa. Se esforzaba por imitar la conducta cortesana y por cultivar un porte digno, de forma que se la considerase persona merecedora de respeto [...] Era tan sensible y de corazón tan delicado y lleno de compasión que lloraba si veía un ratón atrapado, sobre todo si sangraba o estaba muerto [...] Era toda sensibilidad y ternura de corazón. Llevaba la toca adecuadamente plisada [...] Su vestimenta era, a mi entender, elegante. Llevaba en el brazo un rosario de pequeñas cuentas de coral, intercaladas con otras grandes y verdes; de él colgaba un broche dorado y brillante que tenía grabada una A coronada y debajo el lema: *Amor vincit omnia*[3]. *(Chaucer, 2006, I., pp. 70-71).*

¿Nos imaginamos así a Eloísa o a Hildegarda de Bingen?

Se hallaba también un monje de rango elevado [...] un hombre cabal con cualidades más que sobradas para convertirse en

---

3. Geoffrey Chaucer, *Los cuentos de Canterbury,* trad. Pedro Guardia, Cátedra, Madrid, 2006. *(N. de la T.)*

abad. Guardaba muchas y valiosas monturas en el establo [...]
Como la regla de San Mauro o de San Benito le resultaba anti-
cuada y demasiado estricta, este monje descuidaba las normas
pasadas de moda y se guiaba por otras más modernas y munda-
nas [...] ¿Por qué debía estudiar y malgastar su talento con libros en su celda, o dedicarse al trabajo manual y trabajar como
lo ordenó San Agustín? ¡Que se quede Agustín con su trabajo
manual! Por eso era un cazador empedernido de a caballo. Poseía podencos veloces como pájaros. Todo su placer consistía
en perseguir y cazar liebres, sin reparar en gastos [...] Vi que
sus bocamangas estaban ribeteadas con pieles, grises y costo-
sas, las mejores del país. Un elaborado broche, labrado en oro,
le sujetaba la capucha, rematada con un complicado lazo por
debajo de la barbilla [...] Llevaba unas botas flexibles, y su caballo, con un exquisito arnés. Más parecía un vistoso prelado
que un ajado y atormentado espíritu (*ibid.*).

Así consta en el *Prólogo General* (fragmento I), pero la
descripción continúa y se enriquece en la sección séptima,
cuando el mesonero invita al monje a contar:

Vive Dios que tenéis la piel suave. En nada se parece a un es-
pectro o penitente [...] Seguro que sois el amo cuando estáis en
vuestra casa. No sois un enclaustrado ni un novicio, sino un
amo astuto y discreto. Y ¿qué decir de vuestra corpulencia y
tez? [...] Si tuvierais tanta licencia como potencia para dedi-
caros al placer de procrear, habríais engendrado muchas criaturas [...] Si yo fuera papa –que Dios me perdone–, no solo a vos,
sino a muchas cabezas completamente tonsuradas que corren
por ahí les daría esposa [...] La religión ha escogido la mejor
parte de la creación. Nosotros, los laicos, somos en esto ena-

nos. De árboles débiles brotan vástagos enfermizos. Esto hace a nuestros herederos flojos y frágiles sin capacidad de engendrar. Esto ocasiona que nuestras mujeres intenten conquistar a los frailes. Esperan prestar mejor el débito de Venus que nosotros. ¡Rediez! No les pagan con luxemburgos[3] (*ibid.,* VII, p. 459).

En resumen, ni siquiera imaginamos de ese modo a san Bernardo... Naturalmente, es una sátira. Pero ¿quién dice que no se trata de *tipos ideales*? Quién sabe cuántos vio y conoció Chaucer durante su agitada vida repleta de relaciones con religiosos así. Al fin y al cabo, los visitadores de la orden cluniacense del siglo XV denunciaban y deploraban la costumbre inconveniente que tenían los monjes de compartir las celdas con sus *demoiseaux,* sus «doncellitos». La denominación es bastante ambigua, pero como mínimo se refiere a pajes al servicio personal del monje...

4. Interrogantes

Rodolfo el Calvo

Monje cluniacense, vivió una gran parte de su vida en Cluny, donde escribió su obra mayor y más famosa, las *Historias*, pero también fue monje «fructuariense», ya que durante unos diez años (1015-hacia 1025) vivió en Saint-Bénigne de Dijon, donde se profesó discípulo de Guillermo de Volpiano. Escribió la *Vida* de este último precisamente por indicación de Odilón de Cluny; una obrita que tal vez refleja al menos en parte la intención de Cluny, que, en resumen, quiere arrojar su foco de luz sobre todo lo que está fuera y es susceptible de convertirse en un competidor (los fructuarienses en el reino de Francia), estableciendo las distancias, pero al mismo tiempo asimilándolo y reivindicando, por así decirlo, su paternidad. Si consideramos cuánta conflictividad provocaba en aquellos años, podremos percibir su urgencia. Así que Rodolfo el Calvo puede considerarse un hombre que Odilón apreciaba por su capacidad cultural, su madurez y su condición de *monje de las tres culturas,* la *auxerroise,* la fructuariense y la cluniacense, capaz de poner al servicio de su abad todas sus competencias... Así pues, un monje perfecto por perfectamente obediente y disponible. Y, al menos durante los años en que escribía en Cluny, un *cluniacense* perfecto.

Sus *Historias* son una crónica riquísima de retratos y narraciones a la que debemos los famosos *temores del año mil,* en los que se creyó desde la primera mitad del siglo XIX hasta la segunda mitad del XX. No porque Rodolfo insista mucho en ello, en absoluto. Quizá porque, con los cambios convulsos de aquellos dos últimos siglos, podía parecer tranquilizador decirse que hubo un tiempo en el que se creyó en la desaparición inminente de todo, cosa que, sin embargo, no había ocurrido. Por el contrario, se habían producido nuevos comienzos. Por lo demás, entre las posverdades de los primeros veinte años del siglo XXI se contaron las llamadas «profecías mayas»...

Rodolfo está muy preocupado por la salud espiritual del mundo que observa. La salud de Roma es, además, fundamental. Le parece terrible la *phylargiria,* la pasión por el dinero, el ansia de dinero de algunos papas, la corrupción y la corruptibilidad del mundo eclesiástico, la «avaricia ciega». Como muestra, el papa Juan XVIII, corrompido por el oro, la plata y los «riquísimos regalos» (Rodolfo el Calvo, 1989, II.6, pp. 71-73) de Fulco de Anjou:

> Este flagelo se propaga por todas partes entre los prelados de la Iglesia [...] En todos los cargos eclesiásticos se imponen con facilidad personas perversas y henchidas de orgullo, que [...]

confían solo y únicamente en el dinero que se echan a la bolsa
[...] Una vez que ocupan el cargo, cultivan la rapacidad porque
saben que con ella han podido satisfacer sus ambiciones, y
la sirven como a un ídolo que ponen en el lugar de Dios
(*ibid.*, II.II, pp. 81-83).

Su esperanza es la posibilidad de que Enrique III, el nuevo emperador, restaure el orden. Por lo demás, con Enrique III se difundía por las iglesias del imperio y por la Italia
más vinculada con este la obra de reforma que iba a desem-
bocar en la gran revolución institucional de la segunda mitad del siglo; el emperador se asociaba voluntariamente a la
dimensión espiritual de obispo, pero era un laico y como
laico luchaba por la renovación y hasta por la regeneración
de las iglesias; más aún, era el garante de los derechos del
otro Rey, el omnipotente, e incluso su *alter ego,* su porta-
voz:

En aquel periodo, la sede romana, en todo el mundo justamente considerada universal, había caído presa de esa mortal pesti-
lencia [...] Para presidirla, habían nombrado, contra toda forma, a un niño de apenas doce años, no por su edad o la
santidad de su vida, sino solo a cambio de oro y de plata. Después de un inicio tan infausto, este pontífice tuvo un final aún
peor; pero me falta valor para referir la bajeza de su vida y de
sus costumbres. Con el acuerdo unánime del pueblo romano y
por disposición del emperador, fue expulsado de la sede que
ocupaba y sustituido por Gregorio, romano de nacimiento,
hombre auténticamente religioso y con fama de santidad. Su
buena reputación corrigió los daños causados por las vilezas
del predecesor (*ibid.,* vv. 25-26, pp. 289-291).

La crónica acaba aquí. Un hombre del siglo. Si no hubiera sido por él, suspira profundamente Rodolfo el Calvo, no se habría visto una salida, no habría habido ninguna perspectiva de redención. El restablecimiento del orden no partió del seno de las instituciones eclesiásticas...

«Mordidas»

Esta palabra nos resulta familiar, incluso demasiado. Sabemos que el sentido del deber cívico se remunera, porque el Estado, un ente abstracto, se compromete a reconocer y gratificar la fidelidad de sus dependientes y servidores. Ahora bien, en los estados modernos esta palabra no debería existir, y cuando existe se llama *corrupción,* un término tan vago como *elusivo.* Pero en la Edad Media no existía el Estado en cuanto tal, como estructura *impersonal (estatal,* precisamente), y la máquina burocrática se formó poco a poco. Por tanto, en el Medievo no hablaremos de *corrupción,* lo llamaremos *flujo de dinero* necesario para el funcionamiento de los mecanismos engrasando sus engranajes. En suma, las «mordidas» eran esenciales para el funcionamiento.

Esto en líneas generales. Vale tanto para los notarios del reino de Sicilia de los que habla Hugo Falcando (segunda mitad del siglo XII) como para los papas, siempre a la búsqueda desesperada de financiación para el funcionamiento de su política y para garantizarse el control de las iglesias. Eugenio III (1145-1153), discípulo de san Bernardo y elogiado por este debido a su incorruptibilidad, fue el objetivo de la sátira titulada *Ysengrimus:*

Nuestro fiel papa quiere salvar a todas las almas, porque el Cielo le ha confiado a todos los hombres. Por eso acepta el dinero del rey de Sicilia y desea con avidez el del rey de Francia, de Inglaterra, de Dinamarca, y el de toda la Tierra. Se esfuerza [...] por salvar a todas las almas humanas y quiere destruir por completo el horrible vicio [...] Y con esa intención desearía adueñarse de las inmensas riquezas del mundo entero (Cantarella, 2002).

De un sucesor de Eugenio III, Alejandro III (1159-1181), habla *El Evangelio según Marcos de Plata:* «Bienaventurados los ricos, porque ellos serán saciados. Bienaventurados los poderosos, porque no les faltarán los bienes. Bienaventurados los ricos, porque suya es la curia romana». Una parodia del evangélico «Sermón de la montaña». En la corte papal los cardenales se saludan diciendo: «Feliz aquel que viene en nombre del Oro y de la Plata». Todo está al revés: la buena nueva, sus valores, el propio Cristo, encarnado ahora por el papa, que hace unos veinte años se ha convertido oficialmente en *vicarius Christi.* Pero ni Eugenio III ni Alejandro III podían llevar a cabo su política sin dinero: el primero, para reconquistar Roma, y el segundo, para su lucha a muerte con Barbarroja. Así había sido antes de ellos y así será después. Y bien sabemos lo que ocurrió en Alemania a comienzos del siglo XVI con Lutero.

No obstante, Mateo, obispo de Worms (1405-1410), no tiene nada que objetar al funcionamiento del sistema, porque en el fondo le debe su carrera, sino al hecho de que tiene consecuencias «para todos los cristianos [...] La curia papal no deja de ser también Roma». Tres siglos antes, evocando a Juvenal, se había censurado que «en la Roma ciega por el error del paganismo se desdeñaba más el dinero que en la Roma de ahora, iluminada por la luz de la fe y reforzada por los ejemplos apostólicos y superiores a todos los demás por disposición de la palabra divina». En el siglo XV ya no se denunciaba. El sistema de la curia romana es inmanente e implacable como una catástrofe natural, *un mundo al margen,* según Mateo de Cracovia, con reglas aparte y lenguajes formalizados y, en el fondo, mendaces. Las fuentes lo cuentan tranquila y conscientemente, porque quien escribe comparte con el poder su consciencia y sus instrumentos; lamentan de un modo constante, monótono y repetitivo el sistema de las «mordidas» como un mal (la *auri sacra fames* de la Sede Apostólica), pero aseguran que es un mal inevitable y consentido. Por volver al caso del reino de Sicilia, fue el obispo de Siracusa, un inglés, quien intervino en defensa de los notarios.

Pero naturalmente había casos personales y especiales, como el de los cardenales que se enriquecían. Existía una auténtica lista de precios aplicable a quien, teniendo necesidad de entrevistarse con el papa, debía llevar una bolsa bien provista, la «madre bolsa [...] con su boca arrugada [...] la reina de todo, que perdona los errores, justifica al impío y no desea la muerte de los pecadores» (Walter Map), que está documentada por las impotentes denuncias de los siglos XIII y XIV. Aunque el apetito de los cardenales a los que se dirigían las solicitudes (como Giacomo Savelli de Santa Maria en Cosmedin, Giordano de San Eustaquio, Gervasio de San Martín, que en 1285 recibían de las iglesias inglesas pensiones de veinte marcos de plata) no era nada en comparación con el del papa («Dicen que lo mueven la carne y la sangre, mas por lo que se cuenta lo han

movido dos bolsas de oro llenas de florines», 1 de marzo de
1284), pues ni siquiera los papas estaban exentos de la tentación del enriquecimiento personal, todo lo contrario...
Lo enmascaraban mediante el sistema de la *cultura de las dá-
divas,* que, a su vez, se enmascaraba con nombres *técnicos*
como «bendición», «alivio», «saludo», «servicio». La *Historia Compostelana,* primera mitad del siglo XII, nos ofrece un
discreto y colorido repertorio. Y estaban también los laicos, como Esteban de Perche, que no tenían nada contra los notarios en sí pero deseaban interceptar el flujo de
dinero que pasaba a través de ellos (de nuevo Hugo Falcando).

No nos finjamos ingenuos. Los acontecimientos recientes o contemporáneos indican que no es en absoluto obli-
gatorio que la *impersonalidad del Estado* evite la corruptibilidad personal o de grupo del funcionario a cualquier nivel,
o del ministro, o de alguien aún más alto en la jerarquía estatal. Eso es *corrupción...* Pese a que se haya hablado y se
hable aún de *costes de la política.*

San Bernardo

Es uno de los grandes fustigadores.

Este es Pedro, que no se sabe que se haya mostrado jamás en
público adornado de gemas o de sedas, ni cubierto de oros, ni
montado en un caballo blanco, ni rodeado de caballeros, ni cir-
cundado de ministros estrepitosos. Y sin ninguna de esas cosas, creyó poder cumplir sobradamente con el mandato de la
salvación: «Si me amas, apacienta a mis ovejas». En esto has su-

cedido a Pedro, no a Constantino. Te aconsejo que toleres esas cosas momentáneamente, pero que no lo tomes como si fuera un deber [...] Aunque te pavonees cubierto de púrpura y vestido de oros, no hay que sentir horror por la obra y la atención pastoral, oh, heredero del Pastor (Cantarella, 1997).

Bernardo de Claraval se lo escribió a un papa, Eugenio III, un papa *suyo* porque había sido monje cisterciense de Sette Fontane. ¿Cómo era posible que uno de sus monjes se adornara como un emperador y no como un pastor de almas? ¿Es que el papa pensaba que la ostentación imperial era un derecho imprescindible? Pues bien, sí. Todo contribuía a darle la apariencia de un sucesor de los emperadores más que de los apóstoles: «Todos los días se oyen leyes en el palacio, pero las de Justiniano, no las del Señor». No era solo una cuestión de *imagen* y de apariencia, pues tanto una como otra se alimentaban del derecho romano, el cual, a mediados del siglo XII, se estaba convirtiendo en la nueva forma del mundo. Y hacia 1160, una antología jurídica, la *Summa Parisiensis,* sentenció: «Él [el papa] es verdaderamente un emperador». Las leyes de Justiniano regulaban la Iglesia. La Iglesia se regulaba como si fuera un organismo imperial. San Bernardo no era un ingenuo como debía aparentar para mantener su tono profético; por eso afirmaba comprender que todo aquello fuera tal vez inevitable y, por tanto, imposible de cambiar de inmediato. Así no podrían acusarlo de herejía, como le habría ocurrido a cualquier otro que dijera tales cosas, dado que la persona del papa estaba fuera de toda discusión. No, se debía a que estaba rodeado de «ambiciosos, avaros, simoníacos, sacrílegos, concupiscentes e incestuosos». En esos mismos años, Gerhoch de Reichersberg, buscando con desesperación un protector que comprendiera sus capacidades y le proporcionara medios de vida (búsqueda frustrada, que pasó primero por un par de cardenales y por Bernardo de Claraval y acabó tras convencer a Federico I Barbarroja y su antipapa Víctor IV), definía al papa como «un *pauper* rodeado de avaros»; *pauper* no significa «pobre», sino «hombre sin importancia, sin capacidad de actuar».

Bernardo tiene para todos, incluidos los caballeros:

Os gusta cubrir a los caballos con seda y sobre la armadura lleváis no sé qué telas ligeras y ondeantes [...] Adornáis con oro, plata y gemas las riendas y los estribos [...] ¿Son estos signos de caballeros u ornamentos de mujeres? ¿O creéis que la espada enemiga respetará el oro, perdonará las gemas y no podrá penetrar las sedas? [...] Os arregláis el pelo con el cuidado propio de las mujeres para que os sirva de obstáculo en los ojos, estorbáis vuestros pasos con vestiduras largas y suaves y enterráis unas manos delicadas y tiernas en amplias y sueltas mangas (*ibid.*).

Por no hablar de los cluniacenses, los grandes rivales de sus comienzos y sus eternos antagonistas:

¿De dónde ha podido crecer entre los monjes tanta intemperancia en el comer y el beber, en los vestidos y el ornamento de las camas, en las cabalgaduras y la construcción de los edificios, hasta el punto de que allí donde con más estudio, voluptuosidad y desenfreno ocurren estas cosas se diga que la observancia se cumple mejor y se repute mayor la vida religiosa? Y he aquí que el ahorro se tiene por avaricia, la sobriedad se cree austeridad y el silencio se juzga tristeza [...] ¿Qué manifestación de humildad es aparecer con tanta pompa y tanto cortejo de caballos, tan llenos de reverencias de hombres con cabellera que para dos obispos bastaría con el séquito de un solo abad? Miento si digo que no he visto un abad con una escolta de sesenta caballos e incluso más. Diríais, si los vierais pasar, que no se trata de padres de monasterios, sino de señores de castillos, no de rectores de almas, sino de príncipes de provincias [...] Uno no se aleja ni cuatro leguas de su monasterio si no lleva consigo todos sus accesorios, como si se fuera al ejército o tuviera que atravesar el desierto [...] ¿No podría la ardiente lámpara dar luz si no estuviera en el candelabro que llevas contigo, que, por lo demás, es de oro o de plata? ¿No se puede dormir si no es sobre un colchón veteado y bajo una colcha extranjera? [...] Paso por alto la enorme altura de los oratorios, las larguras inmoderadas, las anchuras despejadísimas, los suntuosos embellecimientos, las curiosas pinturas [...] Con tal arte se esparce el dinero para que se multiplique. Se gasta para que aumente, y la desmesura proporciona abundancia. Solo con ver las suntuosas vanidades, destinadas a despertar admiración, se animan los hombres más a ofrecer que a rezar [...] ¡Ah, vanidad de vanidades, pero no más vana que insana! Relumbra la Iglesia en las paredes, y les falla a los pobres. Viste de oro sus piedras, y deja desnudos a sus hijos. Con el dinero de los necesitados satisface los ojos de los ricos (*ibid.*).

¿Y los candelabros de bronce, tan grandes y artísticamente ramificados que parecen árboles? En la catedral de Milán hay un ejemplar magnífico procedente de San Benedetto de Polirone, que orbitó durante un siglo y medio en la galaxia cluniacense y que encaja perfectamente con la descripción de aquel grande, airado y santo retórico.

Este, en la práctica, solo deja al margen a los *de schola sua,* como escribió Juan de Salisbury, sus monjes severos, sus fieles, aquellos que lo seguían en la construcción de la *ortodossia;* pero, no lo olvidemos, la sátira y la polémica deben ser creíbles o no darán en el blanco. Recordemos el candelabro de Milán...

Es incluso brutal, pero su brutalidad *desenmascara,* como Woland en Mijaíl Bulgákov, lo esencial: la misión y el cometido de los caballeros es la violencia, justa y santa pero violencia; la misión y el cometido del papa es espiritual, guiar a los cristianos por el camino de la salvación, y solo un papa espiritual en todos los sentidos puede hacerlo; la misión y el cometido de los monjes es vivir en penitencia y en oración, interpretando plenamente la vida monástica como la auténtica *philosophia.* Esto ayuda a comprender el porqué de tanta saña contra Abelardo, Gilberto Porretano y, en general, contra los dialécticos. Es la *philosophia* monástica contra la filosofía dialéctica. Dos modos distintos de llegar a la verdadera *sophia,* que es conocimiento de Dios; pero también el conocimiento ha de tener sentido de la moderación o se corre el peligro de comportarse como Arnaldo de Brescia, que «fue más sabio de lo que resultaba oportuno», como escribe una fuente de Federico I. En la actuación de san Bernardo la ortodoxia se entiende como *hegemonía;* sus cistercienses persiguen la hegemonía porque han llevado a cabo la perfecta recuperación de la integridad original del *sentido auténtico* del monacato. En 1140 consiguió que condenaran a Abelardo mediante un movimiento en tenaza y en plena sintonía con Guillermo de Saint-Thierry (primero *scholasticus,* luego monje y finalmente cisterciense); pero ocho años más tarde (1148), un fracaso hiriente: no condenaron a Gilberto de la Porrée, una señal que resonó alto en la Iglesia. La curia, dice Juan de Salisbury, estaba harta de aquel monje prepotente (tan prepotente y presuntuoso que endemoniaba a los hombres más apacibles, dice Map...). Sobre todo, era necesario que Bernardo comprendiera claramente que él no era quién para decidir lo que debía juzgarse herético; es decir, cuál era la ortodoxia. La humillación fue tanto más hiriente cuanto que desde 1145 era papa Eugenio III, que no se dignó siquiera a responder cuando Bernardo le dirigió un gran tratado.

Aquella derrota señaló el principio de una discriminación. Los cistercienses podían ser el brazo avanzado, directo e implacable de la Sede Apostólica, favorecidos, privilegiados y señalados como el modelo institucional, pero tras la muerte de Bernardo (1153) nunca se dejó de vigilarlos. En 1169, Alejandro III invitó con firmeza al capítulo general de la orden a recuperar el ideal de vida original. Con el papa no se compite.

La cruz

Es el signo por excelencia del cristianismo, el sentido por excelencia del cristianismo. El signo de contradicción. A partir del siglo V es teofanía triunfante, el triunfo de Cristo rey y juez; se perfecciona y cambia en la época carolingia, como Cristo rey y guerrero que combate contra Satanás y empapa con su sangre la lucha cósmica: el modelo para el rey guerrero y cristiano, su «enseña», su «arma», su disci-

plina de sabiduría *(philosophia),* como escribe Odilón de
Cluny en la primera mitad del siglo XI. El Cristo en la Cruz
es el modelo inalcanzable que anhela san Pedro Damián
(mediados del siglo XI), pero es el Cristo-hombre, no el instrumento de su Pasión.

De plata, de oro, enriquecida con piedras preciosas, cristales, esmaltes y perlas por su valor intrínseco, que ya solo
y para siempre simbolizará vagamente el valor de la Cruz, y
puesto que los fieles deben verla dentro del espacio de las
iglesias, incluso desde lejos, ha de refulgir en la oscuridad
cálida y chispeante de las lámparas y las velas. En la Baja
Edad Media llega la «revolución dramatúrgica de las lágri-
mas» (Bino, 2008), porque en la Pasión pueden reconocerse todos los hombres o al menos pueden reconocer los su-
frimientos cotidianos de otros hombres, contemporáneos
suyos; todas las madres pueden reconocer a sus hijos condenados, torturados y heridos, con sus cuerpos violados:
«Lloramos por los brazos, así desgarrados, / casi del cuerpo se los han arrancado [...] Lloramos por el cuerpo, tan
flagelado, / y por todos sus miembros, de ese modo llaga-
dos. / Y a mí, madre infeliz que lo había parido, / el corazón entero me han destruido»; «Y lo veo descuartizado /
hasta el corazón lleno de dolor [...] Y miro su cuerpo tier-
no, que fue tan delicado, / y allí donde me vuelvo / lo veo
maltratado» *(ibid.).* Es el Cristo-hombre. Ya en el primer
cuarto del siglo XII los herejes de Provenza veían en la Cruz
un instrumento de sufrimiento humano (pero no querían
adorarla). Las cruces de oro y piedras preciosas, eco de la
«memoria dramática» *(ibid.),* pertenecen a otro universo,
paralelo e inalcanzable... el universo que recibirá los ata-
ques de Martín Lutero.

Martín Lutero

Martín Lutero es un hijo de su tiempo. Está sincera y profundamente escandalizado por lo que oye y por lo que ve, lo que en Roma puede tocar con las manos más directamente que en Erfurt. ¿Y qué hace? Rompe el espejo en mil añicos y denuncia el pacto tácito y compartido de complicidad. En resumen, no hace como Mateo de Cracovia... Emprende una lucha mortal. Cierto, tiene que rebajarse a establecer otros pactos, esta vez con sus protectores, que le dan palmaditas en la espalda no tanto por él como por sí mismos. Además, Lutero cree en la estructuración ordenada del mundo, los campesinos que han entendido mal su mensaje y se rebelan contra los señores no le convienen.

Los papas de Roma han traicionado su misión concentrando en sí el cometido de la salvación, y mira a qué aberraciones hemos llegado... Hay que volver a los orígenes, restaurar el sistema de los pastores, cada uno de ellos responsable de su grey de almas y cuerpos (es decir, volver a los obispos-*epískopoi* de los orígenes), regresar a la autenticidad de las Escrituras, leerlas directamente, meditarlas, predicarlas, hacer que se mediten y se lean. Traducirlas a las lenguas modernas para comprometer a los fieles, para que sean cada día más conscientes. No se trataba de una necesidad advertida solo a finales del siglo XV, puesto que a Gregorio VII también se le había dirigido esta petición, pero él la denegó el 2 de enero del 1080: «No es casualidad que Dios omnipotente haya querido que, en algunos pasajes, la Escritura quedara oculta y no fuera evidente a todos con claridad, para que no perdiera importancia ni estuviera expuesta al desprecio o, mal entendida por los mediocres, indujera a error». Obviamente, supone descartar la mediación y la interpretación de Roma. Es el *libre examen,* que, desde luego, debe contar con el analfabetismo de las masas; por tanto, el libre examen es en un primer momento (y durante mucho tiempo aún) prerrogativa de los pastores de los fieles, cada uno de los cuales tiene libertad para leer y transmitir a su grey lo leído. Podría resultar un caos. En el fondo, la preocupación de Gregorio VII (que «mal entendida por los mediocres, indujera a error») era bastante razonable, como constatamos por los repetidos y variados ejemplos de las distintas Iglesias estadounidenses... pero no cabe duda de que fue el fin de un *pensamiento único.* Lo cual, naturalmente, no vale para la reforma de Enrique VIII Tudor, que, imitando a la Iglesia de Roma, instituyó un pensamiento único paralelo y de otro signo.

5. Semillas, flores, frutos

Obispos

Gregorio I y san Ambrosio pertenecían a familias senatoriales; de san Máximo de Turín no tenemos noticias, pero lo menos que puede decirse es que, como san Agustín, poseía una extensa cultura retórica. Igual que Sinesio de Cirene, el compañero de Hipatia, que no pudo o no quiso defenderla de la matanza de los *parabolanos*.

Los senadores eran grandes señores helenistas, ricos, influyentes, bilingües, amantes de la filosofía y sensibles a las influencias orientales (incluidas religiones como la egipcia o el judaísmo y, más tarde, la gran religión persa del mitraísmo de Zoroastro). Eran los únicos que podían ofrecer alguna ayuda de cierta eficacia durante las persecuciones, comenzando por las que se debían a la rivalidad de las otras religiones orientales. Fue bastante natural, pues, que los cristianos trataran de ampliar el abanico social de las conversiones y de comprometer a los senadores, empezando por las mujeres, como indicó san Pablo, un cristiano plenamente romanizado y que había adoptado un nombre de la gran tradición romana. Y fue muy natural que los obispos responsables *(epískopoi,* «supervisores») ante el Dios de la comunidad cristiana *(ekklésiai)* y, por tanto, *vicarios de Dios* (o también *de Cristo)* acabaran procediendo en su mayor parte de la clase senatorial. Contra este hecho, entre otros, se produjeron también las grandes persecuciones, la última la de Diocleciano, que durante dos siglos y medio coincidieron con las continuas crisis y las constantes reorganizaciones del imperio. Hasta que, a partir de Constantino, los cristianos, demasiado numerosos y extendidos para no resultarle útiles al nuevo emperador, tuvieron sus propios espacios para celebrar públicamente su identidad en las ciudades más importantes: las *basílicas,* construidas sobre el modelo de los edificios públicos, cuya *vía triunfal* se convirtió en la nave central de la *iglesia,* el edificio sagrado en el que se reunía la *ekklesía.* Los obispos, cuya gran mayoría pertenecía a las distintas aristocracias (romana, galorromana, iberorromana, grecorromana, etc.), fueron los rectores de sus comunidades y los responsables ante el emperador, con mando, en las ciudades y las diócesis *(circunscripciones publicas),* no solo espiritual, ya que se encargaban también de la salud física. Y las gobernaban como habían hecho sus antecesores paganos, porque disponían de los medios materiales y de los instrumentos culturales para hacerlo.

Eran la gran potencia del imperio, indispensables para cualquier emperador, como sabía perfectamente Juliano el Apóstata (muerto en 363), que nunca intentó perseguir a los cristianos.

Pero el paso decisivo, *epocal,* se dio con Teodosio. En el 378, el emperador Valente, derrotado por los godos, murió en la batalla de Adrianópolis. Graciano, el emperador de Occidente, nombró de inmediato nuevo emperador de Oriente a Teodosio, un ibérico que después de haber combatido desde Britania hasta África se había hecho demasiado molesto, razón por la cual en el 376 fue obligado a retirarse a la vida privada en sus latifundios ibéricos. Dúctil, contemporizador, firmó compromisos con los godos, que remontaron los Balcanes y tomaron el camino de Occidente, pero era demasiado ibérico para no conocer el peso del episcopado católico (Valente había sido arriano), y los obispos fueron llamados al entorno del emperador. De hecho, en la práctica cotidiana, durante el 380 y el 381, Teodosio prohibió todo culto que no fuera el católico. El episcopado católico veía reconocido oficialmente su papel de gobierno por parte de la suma autoridad imperial; así pues, no tenía el menor interés en oponerse a la autoridad que le había concedido una legitimidad plena. Y con el episcopado, los senados ciudadanos; con los senados ciudadanos, las oligarquías que los componían; con las oligarquías, los ejércitos privados que vigilaban sus latifundios. Teodosio había logrado la difusión capilar del control imperial junto con la difusión del catolicismo...

Contra aquellos obispos era arduo e imposible actuar. Los visigodos de España tomaron nota y gracias a los obispos llegaron a reyes.

Era el nuevo orden, la Τάξις, cuyo garante era el βασιλεύς, que debía asegurar el orden divino del mundo. El emperador, el *Augustus,* Σεβαςτός, el θεῖος ἀνήρ, «sol y salvador», era el eje del orden cósmico; en él se centraba la ortodoxia de los cristianos porque era él quien, como garante, sostenía el marco de la ortodoxia (así como antes del cristianismo el Augusto había sido el garante de la paz y del bienestar de los *cives romani*). Pero los obispos eran el *orden mundial* descentralizado y difundido, y solo ellos estaban en condiciones de decidir si ese orden podía adoptar (y cómo) medidas de concentración (los arzobispos, los patriarcas, los metropolitanos). Ellos eran los que tenían una línea de comunicación directa con el emperador, los que en Occidente proporcionaban el orden a los nuevos reyes y redistribuían el orden mundial y divino entre los distintos monarcas.

El sistema episcopal, que dominaba el desorden y lo amansaba, se basará siempre en las viejas y nuevas aristocracias, las oligarquías antiguas y las que van formándose poco a poco incorporando y absorbiendo a los recién llegados (francos, visigodos, etc.). Los obispos son el signo de la continuidad de las comunidades ciudadanas (la *civitas),* son los defensores y los garantes de las ciudades y de sus habitantes, así como de su estatuto jurídico-político: pastores en armas, como los obispos merovingios; *consul Dei,* como Gregorio Magno; *defensores civitatis,* como san Apolinar y san Próspero. Son los señores de la ciudad. La cultura episcopal es cultura senatorial en la lengua, en los contenidos y en los valores.

Cristianizada.

Cultura

El latín que estudiamos en el colegio no era la lengua que se hablaba comúnmente. La de entonces era una lengua formalizada, perfeccionada durante cientos de años, que identificaba a la clase de los senadores y de los *optimates,* «la flor del género humano», con la que ellos se reconocían entre sí y eran reconocibles para los demás. En suma, algo parecido al inglés de Oxford o al francés de la ENA (École Nationale d'Administration). Era una lengua capaz de describir el mundo y de poseerlo, según sus dueños, que relegaba a la subalternidad al resto; basta con ver las páginas de Petronio Árbitro y la lengua de Trimalción... Era el latín que pasó a la Edad Media porque los obispos pertenecían a esa «flor del género humano», como llamó san Columbano al papa Gregorio I. Las escuelas episcopales fueron centros de formación y aculturación en los que se preparaban los grupos dirigentes, probablemente en colegios canonicales, donde se comunicaban entre sí los vástagos de la aristocracia y donde la vida cotidiana y los estudios en común posibilitaban una selección. Continuamente se empujaba a los jóvenes a compararse no solo con sus maestros, sino también entre sí, a competir siguiendo reglas concretas de conducta y organización de los conocimientos que iban adquiriendo, a incorporar día tras día el conocimiento de la lógica y la dialéctica hasta lograr un hábito mental propio, autónomo, una identidad propia y celosa de sí misma, imposible de cambiar; los que sobresalían podían ser los destinatarios del mejor arte de los maestros, la escritura compleja y a veces cifrada, y por esa razón eran sus sucesores en potencia. Se trata de líneas de enseñanza que se harían sistemáticas en la Edad Moderna, por ejemplo, en las escuelas de los jesuitas.

En primer lugar, la retórica, el arte de la comunicación. La comunicación, el arte del convencimiento. El convencimiento, el arte de comprometer o de implicar disponiendo con eficacia los argumentos conforme al orden deseado. El orden de los argumentos, el arte de utilizar la lógica. La lógica, el arte del discurso y de las investigaciones de filosofía y teología; el discurso, el arte de inclinar a la asamblea hacia nuestras convicciones. La asamblea... En el origen de todo, Atenas. La ciencia *del* discurso está en la base de la investigación *sobre* el discurso, sobre la lengua, sobre la lógica. Sin análisis del discurso no es posible dirigir de un modo fructífero ningún otro tipo de investigación especulativa, porque no se conocen las posibilidades y las limitaciones de la lengua de formulación y de expresión del pensamiento. Por eso viajaban a Atenas los jóvenes romanos de las clases cultas, porque allí estaban las mejores escuelas de retórica. Aquellos jóvenes querían emprender la carrera política, que se hacía en los comicios y en el Senado, y era en este donde se los evaluaba por su capacidad de expresarse y organizar el pensamiento. Recordemos a Cicerón o las frases cortantes sobre el joven Julio César, pero también a Gregorio VII, que en 1081 escribía a Alfonso VI, rey de Castilla y León, a propósito de la candidatura de Bernardo de Sauvetat a la sede de Toledo: «Carece del fundamento de la disciplina, es decir, de la pericia de la ciencia de las letras; virtud que, comprendedlo bien, no solo es necesaria para los obispos, sino también para los sacerdotes en general, porque sin eso nadie puede enseñar a otros ni defenderse a sí mismo».

Escritura de los obispos, pero no solo de ellos. La escritura proporciona al monje los rasgos esenciales de la autenticidad de su experiencia, los modelos en los que inspirarse, la meta que ha de alcanzar. El monje *debe ser* culto, ¿cómo si no podría acercarse a la palabra de Dios? En Occidente, la palabra de Dios se transmite y se expresa en el latín de san Jerónimo, dúctil, creativo, la lengua de los Padres de la Iglesia; lengua que transmitía *en sí misma* los valores y las experiencias de la clase dirigente imperial. La *civilitas* de la cultura senatorial antigua forjó la educación de los eclesiásticos y transmitió a los siglos posteriores todo el bagaje de dotes que debería caracterizar a los poderosos, laicos y eclesiásticos para vivir justamente; el código elaborado por san Ambrosio para los ministros de Dios es el del *homo probus dicendi peritus.* Un solo ejemplo: el currículum de Odilón, primer gran abad de Cluny. Había recibido una preparación *de futuro obispo,* como convenía al rango de su familia; inmediatamente después del destete lo apartaron de las nodrizas y de los otros niños y lo confiaron a un cura que vivía «lejos» para que se ocupara de su formación religiosa y literaria; fue canónigo en Saint-Martin de Tours, estudió dialéctica y música en París con Remigio de Auxerre y, tras su regreso a Tours, eligió la vida contemplativa para acabar, finalmente, en Cluny. Esa lengua, esa escritura, el estudio y la interiorización de los autores antiguos (cuya omnipresencia y capacidad de condicionar convencieron a Odón de advertir contra Virgilio: «Hermosísimo por fuera, por dentro lleno de serpientes») fueron esenciales para la cohesión del Imperio Carolingio (el llamado «renacimiento carolingio»); esenciales en el siglo de los cambios profundos (el llamado «Renacimiento» del siglo XII); esenciales por su capacidad para desarrollarse sin traicionarse nunca y para expresar conceptos cada vez más nuevos y más difíciles hasta que la lengua vulgar estuvo en condiciones de expresar una complejidad semejante. En resumen, hasta el siglo XIV y más allá.

Monacato benedictino

Véase *Los mundos de la oración,* p. 42.

Amor cortés

Cuando se piensa en el tés, lo primero que se nos viene a la cabeza es la escuela siciliana o el *dolce stil nuovo,* y no solo porque seamos italianos y hablemos aquella especie de lengua internacional que ponía en comunicación las muchas y variadas identidades de la península. O pensamos también en los trovadores franceses y provenzales, amados y protegidos por Leonor de Aquitania. Pero el amor cortés se expresó antes que nada en latín y por boca de importantes eclesiásticos del reino anglonormando, como Hildebert de Lavardin, arzobispo de Le Mans, Baudri de Bourgueil, arzobispo de Dol, y Marbodio, arzobispo de Rennes.

El amor no es, evidentemente, una invención medieval. Recordemos a Safo y a Catulo, a los líricos griegos o el *Cantar de los cantares,* pero en la Edad Media occidental y cristiana el amor se dividía en tres conceptos: *charitas, dilectio* y *amor,* que muchas veces se confundían entre sí. La *charitas* es el amor por los hermanos, los cofrades y los amigos (san Pablo, I Cor., 13: «Si hablando lenguas de hombres y de ángeles no tengo caridad, soy como bronce que suena o címbalo que retiñe»), pero no es raro que se llame también *dilectio,* porque no existe un verbo que corresponda a *charitas* y el único disponible es *diligere.* La *dilectio* es la correspondencia regulada de los sentimientos o, mejor, de las relaciones, incluso amistosas, en la sociedad (1150,

Pedro el Venerable a Nicolás de Montiéramey: «Correspóndeme, ama a quien te ama *[te diligentem diligas]*... sabes que lo que me impulsó a amarte *[ad amamdum te]* no son sino esas cosas que eran dignas de amar en ti *[quae solo diligenda erant in te];* es decir, que eres literato, incansable, y lo que vale más, religioso»; 1151, Nicolás de Montiéramey a Pedro el Venerable, citando el *Cantar de los cantares* I, 6: «Indícame tú a quién ama mi alma *[quem diliget anima mea]* cuando yo vaya y aparezca frente a ti)». El *amor* es el amor en su forma más intensa (sin embargo, Pedro el Venerable utiliza el verbo «amar») y, en definitiva, más cautivadora; el mismo que apareció por sorpresa en la vida de Paolo y Francesca aunque ellos no tuvieran ningún «afán de devaneo» y que dio palabras al estupor, al miedo, al carácter ineluctable del deseo («la boca me besó todo temblante»). «Amor, que a nadie amado amar perdona», en el círculo de los lujuriosos la tormenta infernal azota y revuelca a los condenados sin darles tregua: el amor conduce a la pérdida de sí a quien ama y a quien es amado. En suma, se trata de la *pasión,* que azota la vida de los hombres, los hace perder la cabeza y es la negación de toda regla. Es el *Cupido vendado* de Piero della Francesca y de Tiziano, es la historia de la *Traviata*. Es la idea de Shakespeare, según la cual si no has cometido nunca una locura por amor, es que no has amado.

No es esto el *amor cortés*. La expresión será casual o quizá no (al fin y al cabo, era la Francia vapuleada de Honoré de Balzac que había llevado a los tribunales *Madame Bovary* y *Les fleurs du mal* en 1856-1857). Acuñada treinta años antes del estreno de la *Traviata* (1883) por Gaston Paris para traducir el *fin'amor*, «amor delicado», *l'amour courtois* es la canalización de la pasión, que regula sus excesos y se convierte en un acto de «delicadeza» o «cortesía» porque se canta al estilo de las cortes. Las cortes tienen su código, que se remonta al de la *civilitas,* que pasó a través de los obispos, formalizado entre los siglos XIV y XV en las *septem curialitates,* las siete virtudes esenciales e ineludibles de la *cortesía:* «Sobriedad en privado, jovialidad en público; afabilidad con los extraños; la mejor disposición de ánimo con los amigos y los compañeros; en la desgracia, una serena liberalidad; entre los aduladores y los ingratos, una sensata prodigalidad; en la prosperidad y la adversidad, el justo equilibrio del ánimo». En el siglo XVI se convertirá en un código de reglamentación minuciosa: «No se desea ya que, cuando te suenes la nariz, abras el pañuelito y mires dentro, como si te tuvieran que bajar del cerebro perlas o rubíes», escribirá mordaz y corrosivo Giovanni della Casa *(Galateo, ovvero De' costumi* III). La palabra es el arma de las guerras de corte, y el *fin'amor* reordena las palabras, las recoloca, las traiciona, restablece las reglas, es un juego social que tiene sus propias «cortes de amor»; es un sueño, o mejor una sublimación, una transferencia de los sentimientos a otros planos, un inesperado *¡Ah, si se pudiera!* (si la muchacha pudiera evitar el mercado matrimonial, si pudiera cambiar de marido, si en la oscuridad de la noche, cuando todos duermen en un mismo espacio, solo separados por cortinas o alfombras, pudiera dar un poco de alivio a sus frustraciones con algún apuesto caballero...). Pero hay que estar muy atentos a no transgredir las normas. En los poetas en lengua de oïl es una bella locura *inexpresa* y secreta; en los trovadores en lengua de oc es una *cortezia,* con la que se relaciona íntimamente la *mezura,* pues saber callar y saber medir los actos y las palabras son virtudes corteses. El amor ennoblece, es un camino de perfección que nos hace mejores (Beatriz, Laura), que eleva (Guido Cavalcanti, *Rimas* I: «Angélico semblante en vos, mujer, reposa [...] Solo amor me empuja / contra el cual no vale fuerza... ni medida»). Pero en la *Chanson* de Guillermo el Mariscal (1145-1219), encargada por su hijo para inmortalizar sus gestas y sus virtudes, la palabra «amor» solo se utiliza para designar los afectos entre los hombres. Enrique II Plantagenet ama a un «paje», un muchachito de aquellos que vivían en total promiscuidad con hombres más maduros porque, a su vez, debían hacerse hombres y aprender a combatir. ¿También esto entra en la regla?

Estamos en el mundo de la lengua *vulgar*. Cuando la palabra «amor» pasa a los laicos (los trovadores, los poetas), no se canta solo el amor por una mujer, sino también por la guerra y las armas, Bertrand de Born, los *Minnesänger,* siglos XII-XIII. Se canta a todo, al mundo entero y a todos sus sentimientos, las enseñanzas de la Rosa y las del Zorro (el *Roman de la Rose* y el *Roman de Renart).* Don Juan Manuel (1282-1348), sobrino de Alfonso X de Castilla y tutor del infante Alfonso XI, interpretaba en *El conde Lucanor* la regencia del reino por el código de las relaciones amorosas que lo articulaban, porque a los viles reserva solo recompensas; a los buenos y a los honrados, amor y buenas obras. Es amor ordenado.

Caballeros

Los caballeros son una parte esencial del imaginario de la Edad Media; sin embargo, no están entre sus *personajes originales*. La guerra fue siempre el privilegio de los *libres* a pie, pero los continuos conflictos del siglo IX y la lucha por la supremacía de los nuevos reinos de la primera mitad del X hicieron insostenible mantener ese privilegio, dado que la ausencia de botín, la muerte o la invalidez física podían arrojarlos a la pobreza o las deudas. Los grandes propietarios aristócratas reclutaron guerreros profesionales capaces de combatir a caballo. No importaba que fueran siervos (el vocablo inglés *knight*, «caballero», viene de *cnith*, «servidor») con tal de que se presentaran en el campo de batalla más frescos que los infantes del enemigo. Era la nueva categoría social de los *no libres*.

Estamos en los siglos de la expansión del control militar por el territorio a base de castillos (una elevación artificial o del terreno, un foso, una empalizada y una torreta de madera, ya que hasta la segunda mitad del siglo XI escasearon los castillos de piedra debido a sus elevados costes). No podemos reconstruir el pasado de muchas familias de caballeros surgidas en la segunda mitad del siglo X (en Italia, la de los Canossa fue la más célebre), pero vemos que los emperadores y los reyes intentaban incluirlos en la red feudal para que llevaran a cabo un control efectivo del territorio. La hegemonía de la fuerza aseguraba las rentas que procedían de los *rústicos*, los campesinos, y la presión aplastaba a todos, libres y no libres. Los juegos militares de los monjes atestiguados en el norte de Francia a comienzos del siglo XIII, en los que por pura diversión *deportiva* los religiosos arrasaban con los campos y las familias de los rústicos, son su eco. Una revolución-simplificación despiadada de la geometría social. Tales fueron los orígenes de la caballería.

No faltaron los gritos de alarma. En el siglo X, el obispo Raterio, procedente del corazón de Europa (Lieja) y trasladado a Verona, deploraba que no existiera o estuviera ya irreconocible la antigua aristocracia, contaminada por los estratos sociales más bajos (los plebeyos) e incluso ínfimos (los esclavos), una posición no muy distinta a la de Odón de Cluny. En 1027-1030, Adalberón, obispo de Laon, envió al rey Roberto el Pío un poema en el que describía a un caballero con sus armas: «Un arco con carjac», «tenazas y un martillo, la espada», «una piedra de sílex, el hierro para golpearla y la madera», «botas largas», espuelas, zapatos «con la punta levantada», un escudo pequeño y redondo, una coraza «de triple malla», el yelmo, un gorro de piel de oso con el pelo por dentro para proteger la cabeza del frío y del roce del yelmo y la lanza. El uso de la lanza se estaba modificando. Ya cien años antes, Odón de Cluny había escrito que Geraldo de Aurillac obligaba a combatir con las jabalinas como arma de choque y no de lanzamiento, lo que acabaría convirtiéndose en la táctica clásica de la caballería, la carga a trote lento, un muro de hierro capaz de aplastar al enemigo. Adalberón recoge el vocabulario de la sociedad caballeresca y nobiliaria: el *iuvenis,* o caballero que aún no posee bienes; el *puer,* escudero que está formándose al servicio de un *senior* (un hombre *más maduro,* «señor»), aprende el arte de la guerra para llegar a ser un *iuvenis* y luego, a su vez, un *senior,* servido por hombres y honrosamente casado con mujeres nobles y dotadas. Pero los *pueri* son inquietos e impacientes y están tomando la delantera: «Está, pues, esa transformación del reino [...] la causa de los viejos sin esperanza es lamentar y llorar la prisa de los jóvenes». El *desorden* se está convirtiendo en el nuevo *orden.* El caballero de Adalberón es una figura alegórica; es monje en Cluny. Las abadías atraen ya a los hijos de los caballeros en ascenso social y así continuarán (cien años después será el momento de los cistercienses).

La caballería y el encastillamiento son ya y serán vertiginosas vías de escalada social. Desde la primera mitad del siglo XI en adelante encontramos en Francia y Alemania cada vez más *ministeriales*, hombres que han hecho carrera con las armas aunque continúan sin ser libres desde el punto de vista jurídico, porque le deben todo a su rey y les interesa ser fieles. En 1127, un caso límite: un preboste de Carlos el Bueno, conde de Flandes, cuyo origen servil estaba tan oculto que pudo ordenar caballeros a sus nietos y casar a sus nietas con retoños de linajes elevados, mandó matar al propio conde para no verse obligado a revelar sus orígenes. En el siglo XII, cuatro de los veintitrés caballeros de la escolta del abad de Saint-Père de Chartres eran de origen servil. En 1189, el preboste de la catedral de Soissons liberó a un caballero de todas las obligaciones que comportaba su origen servil a condición de que sus descendientes varones fueran ordenados caballeros antes de los treinta años y de que sus descendientes femeninos se casaran con otros caballeros antes de los veinticinco.

Pero también había caballeros que pertenecían a familias de libres enriquecidos: los *villani caballarii* de Francia, los *caballeros villanos* de Castilla, la *cavalleria* de Cataluña. Por no mencionar las ciudades italianas; por ejemplo, el caso de un panadero-caballero de Milán en 1083.

Y entonces, el intento de hacer de la caballería una verdadera clase social, la *conditio sine qua non* de la nobleza: en 1230, Federico II, ampliando y modificando una disposición de su abuelo, Roger II, ordenó en las *Costituzioni di Melfi* que desde ese momento y para siempre «no acceda al

honor caballeresco nadie que no sea de familia de caballeros». Pero nada conseguirá bloquear la continua llegada de
hombres nuevos, ni siquiera las ritualizaciones que del siglo XII al XV rodearon al caballero, sus armas, sus empresas
y su misión, ni tampoco las diferenciaciones sociales dentro de la propia caballería.

No sabemos mucho de las ceremonias de *adoubement,* ni
hasta qué punto se difundían o estaban reservadas a los
hombres más eminentes. El 10 de junio de 1128, durante la
fiesta de Pentecostés, Godofredo Plantagenet fue ordenado caballero junto con treinta compañeros: primero un
baño purificador, luego túnicas de lino blanco y púrpura y
finalmente la entrega de las armas. Al término del siglo XII
aparece el representante de lo sagrado, y así, en la *ordenatio
militis* del reino normando de Sicilia es el oficiante quien
entrega la espada, la lanza, el escudo y las espuelas en el
nombre del Padre, del Hijo y del Espíritu Santo. Luego los
rituales van haciéndose cada vez más complicados. A principios del siglo XIII, Helinaldo de Froidmont habla de la
costumbre de velar las armas: el caballero pasa en oración
la noche que precede a su *endoutement;* a finales de siglo,
en el ritual de Guillermo Durando, obispo de Mende, es el
eclesiástico quien toma la espada del altar, la deposita en
las manos del caballero, la envaina, la desenvaina y la blan-
de tres veces, le da al caballero el beso de la paz y pro-
nuncia una fórmula de exhortación; en ese momento, los
nobles presentes entregan al caballero las espuelas y el estandarte. En el *Llibre de l'orde de cavalleria,* Ramon Llull
(Raimundo Lulio) escribe que el candidato debe confesar
sus pecados, velar y ayunar y pasar la noche en oración; durante la ceremonia, el caballero que lo ordena le entrega la

espada y le da un beso que simboliza la caridad y un golpe en el hombro con la hoja de la espada (el espaldarazo). Pero no ocultaba que las vigilias eran también ocasiones de fiesta, aunque no debían estar frecuentadas por «juglars qui canten o parlen de puteria i de pecat». Hacia 1330, Don Juan Manuel escribe: «en las vigilias que se hacen allí se cantan poemas, se tocan instrumentos y se habla, se conversa y se adoptan actitudes que son todo lo contrario de aquello para lo que fueron establecidas».

Don Juan Manuel es culto, recuerda a Terencio («Non ay en el mundo cosa que ya dicha non sea»), es hijo de la literatura (las *Chansons,* los *Minnesänger)* que había construido al menos desde hacía un siglo y medio la identidad caballeresca. Para él es un tema central: «Es aquello por lo que el hombre deja de hacer las cosas que no debe hacer y lo que lo obliga a hacer todo lo que debe a Dios y al mundo». Las mayores virtudes que ha de poseer el caballero son la sabiduría, la fuerza, la mesura, la justicia, la capacidad de sufrir con dignidad y el honor. En el lado opuesto están la vergüenza y la humillación, no solo en los asuntos bélicos, sino también, por ejemplo, en la *largesse* (la exhibición de generosidad material). La vergüenza vuelve «infame» al hombre, lo humilla, lo desnuda delante de la mirada ajena y su intimidad queda violada sin remedio; todos se apartan de él; el caballero ha de ser humilde y paciente y debe odiar la soberbia, pero no debe aceptar la humillación ni actuar de un modo que la provoque. *Caballería y cortesía* van de la mano.

La caballería es ya signo y motor de la subversión del orden, el *único* código posible del orden.

6. El mundo de los laicos

Mujeres

Las mujeres son la otra mitad del cielo. En el caso de Teodora, mujer de Justiniano y, según Procopio de Cesarea, tan responsable como su marido de grandes desastres en la cristiandad, no cabe duda. Pero también en el caso de Matilde de Inglaterra, que, según Walter Map, enseñó a su hijo, Enrique II, el arte político de la dilación y del aplazamiento de las decisiones; y en el de Leonor de Aquitania, mujer de Enrique II, inspiradora de las revueltas de sus hijos, enérgica protagonista del enorme pago del rescate de Ricardo Corazón de León («no existe iglesia, orden, rango o sexo que pueda eludir la obligación de contribuir al rescate del rey»), a quien, teniendo ella setenta y un años, llevó personalmente a Alemania; de Dhouda, mujer de Bernardo de Septimania y madre de Guillermo; de santa Clara y san Francisco; de santa Escolástica y san Benito; de Eloísa y Abelardo.

Es evidente que las mujeres no son ajenas al conjunto de creencias que comparten las sociedades. Y, por tanto, al conjunto de los cambios que ocurren en el tiempo, pero los viven de muchos modos; más aún, de todos los modos posibles. Las mujeres de la Edad Media, de cualquier condición jurídica, presentan una variedad de comportamientos, situaciones y posibilidades que no cabe reunir bajo ninguna etiqueta generalista. No existe la *mujer* medieval, sino *las mujeres* de los distintos periodos y ambientes de la Edad Media.

Las mujeres del poder, las mujeres masculinas: Matilde de Canossa, la *virago,* hombre de rasgos femeninos, o Catalina Sforza. O Rozala-Susana, hija de Berengario II, viuda del marqués de Flandes y en el 988 mujer de Roberto II, rey de Francia, que si bien fue pronto repudiada, continuó gobernando Flandes con tal energía y tal prestigio que conservó el título de *reina.* Las mujeres en masculino, duquesas a las que se llama *duques,* como hizo Pedro Damián en 1057 con Beatriz de Lorena; duquesas que se hacen llamar *duques,* como otra Beatriz, hermana esta de Hugo Capeto, viuda del duque de la Alta Lotaringia en el 978, que gobernó ella sola en nombre de su hijo y estuvo entre los artífices de la promoción real de su hermano; emperatrices como Irene, «emperador y autócrata de los romanos», que en el 797 mandó que cegaran a su hijo Constantino VI para evitar que la él la depusiera.

Irene es una excepción, porque las mujeres madres suelen ser muy cariñosas, especialmente cuando están viudas o alejadas de los maridos y de los hijos (como Dhouda con Guillermo). La mujer que sobrevive a su ducal, real o imperial esposo debe ser capaz de conservar en su entorno el

Inventario medieval

mundo de relaciones que tuvo su marido. Debe hacerlo ante todo para salvarse a sí misma, pero si tiene un hijo, debe hacerlo para salvarlo también a él y para salvar la sucesión, el título, el poder, la corona. Todo el peso recaía sobre los hombros de la mujer, que debía ser el corazón y el punto de equilibrio de una maraña de intereses encontrados y opuestos. Adelaida de Borgoña, viuda primero de Lotario II, rey de Italia, y luego del emperador Otón I, corregente del imperio, madre del emperador Otón II, que sobrevivió a su hijo, abuela del emperador Otón III y negociadora infatigable de sus contradotes. Inés de Borgoña, viuda del emperador Enrique III y madre de un niño de tres años al que ella consiguió guiar entre miles de intrigas hasta que se convirtió en Enrique IV. Urraca I de León, viuda de Raimundo de Borgoña y luego prácticamente viuda de Alfonso I de Aragón (en vista del carácter como poco tempestuoso de un matrimonio que llegó al enfrentamiento armado), madre de Alfonso VII, al que consiguió hacer rey pese a la complicadísima situación de la península ibérica y a las aspiraciones de su hermanastra Teresa, viuda de Enrique de Borgoña, madre de otro Alfonso que será el primer rey de Portugal (Afonso Henriques), y a la presencia de otras herederas más legítimas de Alfonso VI, una de las cuales (Elvira) será enviada a Sicilia como mujer del conde Roger II, hijo de Adelaida del Vasto, la cual, una vez enviudada, no dudó en desposar con el rey de Jerusalén con tal de asegurar a su hijo una corona o al menos la descendencia de una madre reina. Por continuar en Sicilia, Margarita de Navarra, viuda de Guillermo I de Sicilia y madre de otro Guillermo todavía menor de edad; Constanza de Altavilla, mujer de Enrique VI, emperador, y madre del futuro Federico II. Y no olvidemos a Sichelgaita, mujer de Roberto el Guiscardo, que consiguió borrar de la sucesión a Bohemundo, el primogénito de su marido, en favor de su propio hijo Roger Borsa, de modo que Bohemundo se sumó a la Primera Cruzada y se fue en busca de fortuna a Tierra Santa. Beatriz de Lorena, viuda de Bonifacio, marqués de Toscana, y madre de Matilde de Canossa, a la que consiguió salvar de la pesadilla de un matrimonio terrible en Lorena con Godofredo el Jorobado, hijo de su segundo marido Godofredo el Barbudo, puesto que, evidentemente, no quería llorar también a Matilde –y con ella la posibilidad de la sucesión–, ya que en el año 1054, en brevísimo tiempo, había tenido que enterrar a su primogénita Beatriz y a su segundogénito Federico Bonifacio, ambos adolescentes.

Aunque en su caso hay quien sospecha una especie de repetición del caso de la *basileus* Irene, porque Beatriz estaba ya en edad casadera y Federico, que tenía catorce años, se hallaba en el umbral de la mayoría de edad (quince años); no obstante, la sospecha no está apoyada por las fuentes, y además ¿a quién le habría convenido la eliminación de los dos adolescentes y por qué precisamente a favor de Matilde?

Matilde de Canossa, objeto de uno de los mitos más apasionantes y coriáceos, y no solo de la historia medieval («Desea exaltar aquí nuevamente el nombre de la gloriosa y pía mujer de Canossa, para perpetua admonición a los enemigos de la patria e ilustre confirmación de los vínculos indisolubles que unen a la Iglesia con Italia», como proclama la lápida colocada a la vista en la iglesia de San Juan y Santa Reparata de Lucca «en septiembre de 1935, año XIII de la Era Fascista»). Poderosa, temible, temida, pero «madre frustrada» (Muzzarelli, 2021), incapaz de engendrar después del primer y fatigoso parto de una niña muerta casi de inmediato (primavera-verano de 1071); huida de su marido sin tener siquiera el tiempo de elaborar el luto, nada más recuperar las fuerzas para el viaje. Aunque la separación del Jorobado, la ruptura y suspensión de un matrimonio de la más excelsa aristocracia fuera un problema *europeo,* se negó con obstinación a reconciliarse con él pese a las presiones de los altos representantes eclesiásticos (entre ellos, Gregorio VII). Matilde, cuya capacidad de engendrar hijos quedó anulada probablemente por la violencia padecida en el primer matrimonio y tal vez por la dificultad para parir; Matilde, de la que todo hace pensar que fue una de tantas mujeres, demasiadas, que sufrieron violencia y daños irreparables a manos de hombres o de adolescentes, ni brutales ni incapaces, sino solo egoístas e indiferentes, poseídos por el «desnudo y terrorífico deseo masculino», por emplear las palabras ásperas y mecánicas de Christa Wolf *(die nackte gräßliche männliche Lust).* En 1089 intentó un nuevo matrimonio, esta vez con Güelfo V de Baviera, que duró seis años, aunque el joven se reveló impotente. Una señora del más alto rango que no fue capaz de transmitir su linaje, el que había heredado de Beatriz, porque en el siglo XII el linaje se transmitía por vía femenina... Matilde no podía reproducir su sangre, su señorío era estéril, su familia acabó con ella, su historia personal es la conclusión sin gloria de la historia de su muy trepadora y muy alta parentela. Después de Güelfo, no cabía hacerse más ilusiones, no podría tener hijos biológicos, su familia quedaría engullida por el pasado. Una mujer seguramente herida y estupefacta por su impotencia para procrear, tal vez angustiada por la profunda convicción de que se trataba de una penitencia, de una cruz que Dios había reservado para ella sin merecerlo, tan incomprensible como pueden serlo los designios divinos, a los que debía resignarse y confiar en las oraciones de sus eclesiásticos fieles, que eran sus consejeros y confesores. Al final tuvo un hijo, aunque adoptivo, incluso titular del legado testamentario: Enrique V, el emperador, hijo rebelde de su viejo enemigo Enrique IV. De ahí lo de «casi madre», «madre frustrada».

Dhouda fue una madre muy cariñosa que escribió un libro (*Liber manualis*) para acompañar el crecimiento de su hijo Guillermo, obligado a vivir muy lejos de ella y al que nunca pudo acercarse para no ponerlo en peligro político y quizá de muerte. Dhouda fue una de las eminentes literatas de la Edad Media, que, en realidad, no son la otra mitad del cielo, porque habitan el cielo entero, independientemente de los hombres, como Hroswitha de Gandersheim (hacia 935-hacia 974), una vida breve pero intensa, sobrina de Otón I, cuyas *Gestas* escribió, fundando así el relato de la legitimidad de los otónidas, y autora de comedias al estilo de Terencio que debían representarse en el monasterio del que fue abadesa y que, obviamente, no consentían la participación de hombres (así como las escasas representaciones sacras que conocemos de Cluny no permitían la participación de mujeres; en uno y otro caso era el triunfo del travestismo. Por lo demás, ¿qué ocurría en el Globe Theater de William Shakespeare?). Hildegarda de Bingen (1098-1179), santa y doctora de la Iglesia desde el año 2012, gran literata y, por utilizar un término anacrónico, *intelectual,* musicóloga, científica, teóloga, inventora de una lengua artificial (la *lengua ignota)* que perfeccionaba y potenciaba de

un modo absolutamente innovador la lengua conscientemente oscura y reservada a muy pocos iniciados en la que
escribieron entre otros Otón de Cluny y Atto de Vercelli y
capaz de adoptar una actitud que ahora llamaríamos *inter-
disciplinar;* por ejemplo, notó que el regaliz (que estudió
como herborista) aclaraba la voz (y aquí aparece la musicóloga). Christine de Pizan, que se llamaba Cristina da Pizza-
no pero que vivió en París desde la edad de cuatro años,
cuidadosamente educada por su padre boloñés, médico y
astrólogo, viuda de un notario a los veinticinco años, obligada a inventarse una verdadera profesión, como los hombres y más que ellos, escribiendo «por el [...] bien y el honor de todas las mujeres» obras de gran profundidad y
magníficamente miniadas que la situaron a la altura de los
grandes de su época, el rey de Francia, el duque de Borgoña, los reyes de Inglaterra que estaban combatiendo encar-
nizadamente entre sí en la Guerra de los Cien Años, y que
le brindaron la posibilidad de vivir con cierto desahogo y
proveer a la colocación de su hijo. Eloísa, cuya personali-
dad fue completamente autónoma de su marido Abelardo.
En resumen, mujeres con un papel que es, a lo sumo, paralelo al de los hombres, pero que no comparten con ellos.

Las mujeres de los comerciantes que administraban la
casa durante las larguísimas ausencia de sus maridos, las
mujeres emprendedoras, las mujeres de los financieros que
administraban la casa *junto* con sus maridos (como Marghe-
rita Bandini, mujer de Francesco Datini, a quien escribió
doscientas cuarenta y cuatro cartas para informarlo de sus
observaciones y sus iniciativas); las mujeres de los exiliados
que, pese a la ausencia del marido, o quizá obligadas por
eso mismo, salvaban el patrimonio familiar e incluso lo in-

crementaban: Alessandra Macinghi, mujer de Matteo Strozzi, feroz adversario de Cosme de Médicis y obligado a dejar Florencia e ir a morir de la peste a Pesaro; fue ella quien trabajó incesantemente por la casa de los Strozzi y le devolvió el lustre y la riqueza (un acto social, económico y político al mismo tiempo) y fue por ella por lo que sus hijos Filippo y Lorenzo, alejados durante muchos años para aprender el arte del comercio (en Palermo y en Nápoles), aunque expulsados en 1458, pudieron regresar a Florencia en 1466, gracias a todo lo que habían aprendido de su madre y de sus relaciones, ya que el patrimonio de Filippo solo era comparable al de Lorenzo el Magnífico, y el palacio que se construyó costó más de treinta mil florines...

Las mujeres de los caballeros que partían a las cruzadas, de los hombres que se iban a peregrinar a tierras lejanísimas...

Las mujeres santas: Catalina de Siena, Francesca Bussi dei Leoni Ponziani (santa Francisca Romana). Las beguinas, que se retiraban del mundo y fundaban comunidades específicas; no solo viudas, sino también núbiles que de esa manera huían del mercado matrimonial, como, con enorme esfuerzo, no menor determinación y al precio de mucho sufrimiento, consiguió hacer Catalina de Siena.

Las prostitutas, las esclavas, expulsadas del contexto social pero indispensables para la sociedad, marginales pero esenciales. Manteniéndolas al margen, la sociedad las reconoce como tales porque también gracias a ellas, por diferencia y oposición, puede reconocerse a sí misma, confirmar los papeles y dotarse de una identidad. Aunque o *también porque* no faltan afinidades entre las mujeres llamadas u obligadas a administrarse solas, a tomar decisiones, a manejar recursos. Ante todo, las abadesas, y después todas las demás, prostitutas incluidas, según las necesidades, y, naturalmente, las *viragos.*

Son solo algunos ejemplos de mujeres en un mundo dominado por los hombres, que no se dejan dominar por ellos. Tal vez guiar, tal vez condicionar, pero no dominar.

¿Y todas las demás? Como todos los demás, todas trabajadoras como los hombres y más aún: nacen, viven, mueren: «Birth, and copulation, and death. / That's all, that's all, that's all, / Birth, and copulation, and death», como cantó T. S. Eliot: «Nacimiento, cópula y muerte. / Nada más, nada más, nada más, / nacimiento cópula y muerte», lo esencial de la vida. Pero cuidado, de *todas las demás* forman parte también muchas reinas *invisibles,* como Elvira de Castilla-Sicilia, invisible incluso para los historiadores de nuestra época.

Y luego las otras, las mujeres fascinantes y seductoras como Leonor de Aquitania o la Reina de los Asiáticos, que, obsesionada por Galón, ordenó a su criada Ero que se metiera con él en la cama, desnuda, para poner a prueba su virilidad; las mujeres hechiceras y engañadoras, como las hadas, que son su otra cara, la demonio Olga, las súcubos como Meridiana, que comprometió a Gerberto de Aurillac; el hada-sirena-serpiente con dos colas, la Melusina del mosaico de Otranto, origen de las glorias y del dolor del jefe de los Lusignano, Raimondino, literalmente la más *ambigua;* las hadas como la que raptó Edric el Salvaje, que se vio *obligado a violarla* durante tres noches consecutivas antes de que ella se decidiera a proferir palabra (Walter Map), reflejo de los hombres, proyección de los hombres, de sus deseos, de sus miedos... la otra mitad del cielo masculino, de su prepotencia y de su brutalidad. Los hombres que ceden a los halagos y a los abrazos de Venus mueren precozmente, como nos cuenta el primer rey de Sicilia, Roger II.

Cultura

Véase *Semillas, flores y frutos,* p. 78.

Matrimonio

Matrimonio significaba mercado matrimonial. Bernardino de Feltre llama «mercancía» a la muchacha en edad de casarse: «No hay que tenerla en casa porque se marchita fácilmente, y arruinada y marchita ya no se vende». Alessandra Macinghi Strozzi fue muy activa en ese mercado útil y necesario para encauzar o consolidar las alianzas.

Se requirió mucho tiempo para que el matrimonio se institucionalizara desde el punto de vista religioso, tanto es así que en los decenios de la gran expansión de Carlomagno hacia oriente los matrimonios podían disolverse si las mujeres no aceptaban reunirse con sus maridos allí donde ellos se encontraran. El matrimonio se realiza «entre personas libres y de igual rango [...] la mujer libre es entregada al hombre por decisión paterna, dotada conforme a las leyes y honrada con bodas públicas», y se entiende que la unión ha de ser consumada, escribe Hincmaro de Reims a mediados del siglo IX, pero no hace ninguna alusión a rituales religiosos. Y hasta existía una forma de matrimonio «menor», digámoslo así, igualmente oficial pero menos sólido, en el que «los parientes prestaban solemnemente a la muchacha con un contrato y una decisión libre» (Duby, 1982), y después de la primera noche recibía el «regalo de la mañana» *(Morgengabe)* como precio de su virginidad.

El problema, con soluciones distintas e incluso contradictorias, se afrontó desde la época carolingia. Los eclesiásticos quisieron intervenir en este acto fundamental que era, además, uno de los pilares de la paz pública, pero los procedimientos canónicos para las uniones matrimoniales no empezaron a fijarse antes de finales del siglo XI, y después de muchas reflexiones por parte de los canónigos y del establecimiento de los grados de parentesco. La ocasión fue un caso ocurrido en un periodo extraordinario, uno de los grandes momentos decisivos de la historia de Europa, el de la querella de las investiduras. Felipe I de Francia se había casado con Berta de Holanda, que nueve años después le había dado un hijo, el futuro Luis VI. Pero en 1092, después de veinte años de matrimonio, Felipe la repudió y se unió con Bertrada, la mujer del conde de Anjou, que estaba vivo y quién sabe si de acuerdo... Berta murió en 1093 y Felipe quiso celebrar su boda con Bertrada de la forma más solemne. Pero ¿cuál era la situación de Bertrada? En aquel periodo, cuando el rey tenía más necesidad de apoyo de su episcopado, se produjo la firme oposición de Ivón, obispo de Chartres y fino canonista. No se trataba de una oposición a la persona o al poder del rey, cuya investidura había aceptado a pesar de las repetidas prohibiciones de la Sede Apostólica, sino de imponerle el respeto a las reglas, porque ¿Bertrada estaba divorciada o no? ¿Era una esposa o una concubina? Ivón excomulgó al rey. Luis VI se mordía las uñas, pues, como todos los hijos de rey, no veía la hora de sustituir a su padre. Fulco de Anjou esperó dos años, pero en 1095 declaró que era pariente de Felipe, lo que añadía el incesto al concubinato; en 1096 Felipe repudió oficialmente a Bertrada y Urbano II, entonces prior mayor de Cluny y que estaba comprometidísimo en la querella contra el imperio, le concedió el perdón papal fingiendo no ver que el repudio era ficticio (Felipe continuó viviendo con ella). Tres años después (1099) intervinieron de nuevo algunos eclesiásticos para convocar un sínodo en Autún y condenar nuevamente al rey, esta vez por perjuro, pero el sínodo quedó disuelto por Guillermo de Aquitania, vasallo de Felipe y enemigo del Anjou. Pasaron algunos años. En 1105, Felipe se presentó como penitente, descalzo, y juró que nunca había frecuentado a Bertrada; ella, por su parte, hizo otro tanto... y en 1106 fueron acogidos como marido y mujer en Angers, precisamente por el propio conde Fulco. Las reglas y los procedimientos por fin se habían fijado, pero no se habían respetado. Es más, quedaron sin valor casi de inmediato por el acuerdo de Saint-Denis (1107), donde el papa Pascual II, buscando soluciones de paz con los reinos y con el imperio, dio el permiso de la Sede Apostólica para romper el primer matrimonio de Luis VI y permitir su acceso al trono sin que se le pusiera ningún reparo. La rápida disolución de aquel matrimonio se interpretó en su justo valor: por primera vez desde hacía muchos años Roma no ponía trabas a los proyectos matrimoniales y a los repudios legales. En caso de que hubiera alguna oposición, se podía decir que el acto del papa era excepcional porque estaba dictado por la necesidad y en todo caso era inapelable, pero no hubo oposición por parte de nadie.

En efecto, lo que podía condenar irremediablemente el matrimonio era únicamente el incesto (de ahí el peso de la declaración de Fulco de Anjou en 1095). El divorcio estaba condenado oficialmente, pero podía asumir la forma del *repudio* por parte del hombre, aunque no dejaba desprovista a la mujer repudiada. Era una situación que no escandalizaba a nadie, ni a laicos ni a eclesiásticos, a no ser que se presentara una fuerte oposición dispuesta a activar todas las competencias necesarias, y no solo canónicas. Un ejemplo casi perfecto es el caso del matrimonio de Adelaida del Vasto, viuda de Roger I de Sicilia y madre de Roger II, con Balduino, rey de Jerusalén, en 1113. Balduino se había casado en segundas nupcias con una princesa armenia, pero su reino estaba en una situación muy difícil y él necesitaba la rica dote de Adelaida, cosa que, evidentemente, sabían todos. Como no se podía aducir el incesto para anular el segundo matrimonio, se decidió recurrir al repudio. Pasaron unos años, no hubo hijos y se corría el peligro de que Roger II, tal y como se había establecido en los acuerdos prematrimoniales, donde los legados jerosolimitanos se vieron obligados a aceptar de todo con tal de acceder a los recursos de Adelaida, pudiera acceder a la corona del reino de Jerusalén. Balduino enfermó gravemente y temió por su vida. A punto de morir, y en un intento extremo de salvarse mediante un acto de contrición, aceptó el consejo de los eclesiásticos; es decir, adoptó la solución útil para quien quería aprovechar los espacios de oportunidad que se abrirían en el reino de Jerusalén a su muerte... Y de pronto surge mágicamente que su matrimonio con la princesa armenia no había concluido correctamente, de modo que Balduino no habría podido casarse de nuevo; por tanto, era bígamo y el matrimonio con Adelaida era inválido (25 de abril de 1117). Debemos el relato a Guillermo de Tiro, patriarca de Jerusalén y canciller del reino, a quien la muerte (1186) ahorró ver el triunfo de Saladino, y Guillermo, hombre de letras y de ciencia jurídica y canónica, utiliza una expresión técnica *(legitima uxore injuste abiecta, aliam superduxerat),* lo que indicaba «un segundo matrimonio *[superductio]* seguido inmediatamente de un acto de repudio, cosa que para los contemporáneos de Felipe [el rey de Francia] no era más que un hecho perfectamente normal, habitual y rutinario» (Duby, 1981). Y no solo, ya que al rey se le concedía el derecho a repudiar a la segunda esposa para volver con la primera si el segundo matrimonio era estéril. Pero Guillermo de Tiro no escribía por escribir, pues para él repudiar a la reina, madre del futuro soberano de Sicilia, había sido una infamia y hasta un *delito* contra el reino de Jerusalén, ya que había provocado la larga enemistad del reino normando hasta su propia época.

Se entiende que todo esto afectaba solo al matrimonio de los poderosos, los que podían y debían establecer alianzas e intentaban asegurarse el patrimonio familiar. Los humildes, los pobres, no tenían ese problema. El matrimonio se formalizó por necesidad de los poderosos, de los que dependía la paz pública.

Dado que las mujeres abundaban más que los hombres, la oferta no faltaba en el mercado. Ellas debían preservar el honor de ellos y de sus propias familias; su deshonor recaía en los hombres y viceversa. Tenían que parir hijos, asegurar la descendencia; para eso se casaban y por eso morían tan jóvenes o se agotaban enseguida a fuerza de partos y de abortos (un nuevo ejemplo siciliano: Sibila de Borgoña, segunda mujer de Roger II, murió en 1151 por un aborto o tal vez por complicaciones en el parto, y es posible que no tuviera ni veinte años). Esa era la razón de que la «mercancía» se valorara y se sopesara con mucho cuidado.

Y esta fue la herencia que pasó a la sociedad urbana y burguesa, a la Edad Moderna y a los siglos XIX y XX. Una herencia a *larguísimo plazo*. Las implicaciones y las necesidades eran análogas a las del matrimonio real que habían conducido al refinamiento de la ritualización: reforzar alianzas familiares y patrimoniales que potenciaran a las familias de los hombres y pusieran a las familias de las mujeres en una relación estrecha con las de sus maridos, salvar la *paz pública* en las ciudades y la paz *internacional* más allá de estas. Los ritos de los poderosos eran fastuosos, y sus medios les facilitaban la posibilidad de apelar a Roma para anular los matrimonios que no dieran el resultado apetecido...; reglas había, pero los medios para eludirlas ni faltaban entonces ni faltaron nunca. Sin embargo, no estaban al alcance de todos. Esto es lo que ha resuelto, en tiempos infinitamente más recientes en comparación con la trayectoria que acabamos de ver a grandes y aproximados rasgos, la jurisprudencia *laica* del divorcio. No sin resistencias, digámoslo así, como sabemos...

Amor cortés

Véase *Semillas, flores y frutos,* p. 78.

Guerra

La invitación de Carlomagno a «vivir en paz y justicia y amar al prójimo como a uno mismo, en evangélica concordia» se ha interpretado acertadamente como la expresión de una utopía, considerando que Carlomagno pasó su vida combatiendo y acaudillando ejércitos. Una utopía, no un lugar común; las utopías no están fuera de la historia, sino que la verifican, la hacen más verdadera, *más inevitable;* en algún lugar que no conocemos serán posibles, quién sabe dónde, desde luego aquí no...

No es que la guerra fuera más frecuente en la Edad Media que en estos tiempos nuestros. Ni que los atropellos, las matanzas y la destrucción fueran peores. Nosotros, los hijos de los siglos XX y XXI, lo sabemos bien. Y en cuanto a dejar morir de hambre, trabajos y frío a los débiles y a los inermes, como en Château Gaillard en el invierno de 1203-1204 (Francis Tattegrain lo representó de un modo impresionante en 1866 en su *Les bouches inutiles,* que en 1945 inspiró el drama homónimo de Simone de Beauvoir), con lo que se ve en nuestra época no podemos escandalizarnos. La guerra ha sido siempre una cosa normal, y las iniciativas como aquella famosa de Immanuel Kant *(Zum ewigen Frieden. Ein philosophischer Entwurf,* 1795, que se proponía sentar las bases realistas y razonadas para una paz si no *perpetua,* como rezaba el título, al menos lo más duradera posible) han caído siempre en saco roto.

Si acaso, tal vez, estaba más extendida. Total, como todas las guerras. Normalmente, se hacía de mayo a octubre, como máximo, cuando la estación lo permitía («mayo crecido de hierbas genera las negras guerras», se escribe en el siglo X; en mayo comenzaban también las expediciones navales, como la de Roger I de Sicilia contra Trapani, o a comienzos de junio, cuando de Port Fangós partieron ciento cincuenta naves enviadas por el rey de Aragón para conquistar Sicilia, 1282), pero no faltaba quien pretendiera coger por sorpresa al enemigo atacando en pleno invierno. Por ejemplo, el 27 de enero de 1080, Enrique IV entabló batalla con los sajones en Flarchheim (Turingia) bajo una tormenta de nieve; comenzó a la hora nona, las tres de la tarde (tal vez para sorprender al enemigo, dada la hora avanzada y del todo inusual), y continuó en la oscuridad, hasta que la noche obligó a suspender los combates. Fue una «horrible matanza», escribe la fuente, hostil a Enrique y que proporciona también un informe insólitamente exacto de las pérdidas: por la parte de Enrique cayeron 3.255 bohemios y un número no precisado de alemanes; entre los sajones murieron solo treinta y ocho caballeros, treinta y seis de los cuales eran, para colmo, *minores*... Eran combates cuerpo a cuerpo. Durante mucho tiempo se consideró gente vil a los ballesteros y, más tarde, a los arcabuceros debido a sus instrumentos de guerra. El 6 de abril de 1199, Ricardo Corazón de León murió por una herida de flecha de punta bodkin (cuadrada) recibida en el hombro izquierdo diez días antes mientras (sin la protección de la armadura) inspeccionaba el asedio a un castillo cerca de Limoges, Châlus-Chabrol, de poca importancia y próximo a caer; una bravata o quizá la convicción de que el enemigo se quedaría paralizado solo con verlo, dada su terrible fama; sin embargo, fue herido por un ballestero impertinente. Intentó arrancarse la flecha él solo, la madera se rompió, el hierro se quedó dentro y la gangrena acabó con él. Cayó el castillo y la hermosa Juana de Inglaterra, viuda de Guillermo II de Sicilia, mandó torturar, cegar y quemar al desgraciado que se había atrevido a herir de muerte a su hermano el rey. En 1187, después de la conquista de Jerusalén, Saladino tranquilizó a Guido de Lusignano, rey de Jerusalén:

«No se usa que los reyes se maten entre sí», y lo trató con los debidos honores. Los reyes no se matan entre sí por solidaridad de rango y porque tienen un precio y se valoran por lo que valen. El rescate de Ricardo Corazón de León, capturado por Leopoldo de Austria en 1192 y puesto a disposición del emperador Enrique VI, se estableció en 150 000 marcos de plata. Los reyes podían morir honrosamente en la batalla, pero nunca como Ricardo; ¿cómo había osado aquel villano? Desagradable y ofensiva constatación la de Crécy (1346), encontrarse a merced de los plebeyos, de los arqueros a pie, y peor aún la de Azincourt (1415), cuando a los arcos se sumaron las ballestas y las armas de fuego. Se dijo entonces que herir a distancia era de cobardes, porque con el cuerpo a cuerpo se infligía y se afrontaba una muerte *honrosa;* siempre se podía decir que quien mataba veía la muerte del otro en la cara, mientras que quien lanzaba un dardo o disparaba una bala se mantenía a la debida distancia de la visión de la muerte (se dirá: ¿y los proyectiles de la ballesta, del mangonel y de la catapulta no mataban también? ¿Eran armas de villanos? Buena pregunta...).

La espada. Es decir, la ofensa y la defensa. La superioridad sobre los demás. La capacidad de seguir vivos, libres y dominadores. O de morir libres e indómitos. La victoria se asociaba con el favor de Dios, la propia batalla era una especie de juicio divino, ya que la suerte de muchos hombres o de todo un pueblo dependía de una jornada de enfrentamientos y sangre. Josué no habría podido nada si Yahvé no hubiera estado con él y con el pueblo que había elegido (Jos, 10, 8: «Yahvé había dicho a Josué: No los temas, porque te los entregaré en tus manos y ninguno de ellos podrá resistir ante ti»), al igual que Wotan, que al despertarse vio primero a los winnili (luego se llamarían lombardos), que estaban preparándose para combatir contra los vándalos, y por eso les concedió a ellos la victoria y la supervivencia (Pablo Diácono 1, 8). Toda victoria es justa.

Los grupos de los dominadores serían durante mucho tiempo los *vencedores en armas,* los que dominaban con las armas haciendo la guerra no solo contra otras gentes, sino también contra las suyas, contra los agricultores que se afanaban con los escasos utensilios que tenían a su disposición y estaban constantemente oprimidos por un exceso de tributos y deberes (tanto es así que algunas veces debía intervenir el poder del rey o del emperador para aligerarles de la carga de las *malas costumbres).* Pero contra los *villanos* ni siquiera se necesitaba la acción militar. En la Cataluña de la primera mitad del siglo XI, el señor salía una vez al año de su castillo junto con sus caballeros armados hasta los dientes y desde lo alto del caballo recorría sus tierras, observaba a sus campesinos y les mostraba la inutilidad de intentar cualquier tipo de rebelión; si se atrevían, ya sabían lo que les esperaba: la carnicería, las violaciones punitivas, los incendios, los infanticidios, los montones de manos y de pies cortados (es decir, la muerte por hambre si antes no morían desangrados o por una septicemia) o cualquier otra cosa que las circunstancias y la fantasía sugirieran. Aun así, eso no impidió que los oprimidos se levantaran contra sus opresores y pudieran expugnar incluso los castillos, porque sus utensilios primitivos podían usarse también como armas. Los navarros aparecen pintados en el *Liber Calixtinus* (primer cuarto del siglo XII) como la quintaesencia de todos los males, aunque la fuente añade: «Se los considera valientes en el campo de batalla [...] son puntuales en el pago de los décimos y suelen llevar ofrendas al altar». Armas y altar. Al final, si dijéramos que la medieval fue una sociedad de dominio no nos equivocaríamos; o quizá sí, en caso de que le reserváramos solo a ella la imagen de una sociedad fundamentada en el atropello. Y si dijéramos que se caracterizaba por un extenso control militar del territorio (el encastillamiento), deberíamos recordar el generalizado establecimiento en Italia de cuarteles y comisarías de carabineros...

El grueso de los ejércitos, que después de las campañas de Carlomagno no debemos imaginar muy consistentes, estaba compuesto por los soldados de infantería, *pedites*. Y la guerra no se hacía solo con batallas campales, sino también, e incluso con frecuencia, mediante campañas obsidionales, durante las cuales y para las cuales se perfeccionan las técnicas de asedio a partir del estudio de las obras de arquitectura e ingeniería de Vitruvio (siglo I a. C.) y Vegecio (siglos IV-V), continuamente copiadas y recopiadas. Por poner solo un ejemplo, Fulco III de Anjou (970-1040, Fulco el Negro) conoció y utilizó la obra de Vegecio para sus construcciones militares y viales; los reyes normandos de Sicilia hicieron amplio uso de los mortales *graffi* de origen árabe. Pero la guerra se representa y se canta para los caballeros, que son los que definen sus condiciones y su honorabilidad. Los caballeros que se reconocen y se exaltan con las proezas de los grandes golpes de espada, con los cantos de guerra y con las descripciones de ejércitos en fila, deslumbrantes de acero y de oro, flameantes de mil estandartes, resonantes de relinchos y de trombas: *Citharizant ad hoc docti,* escribe Godofredo Malaterra, historiador de Roger I de Sicilia, los doctos son sus aedos, los *elogian con las cítaras*. Pero incluso aquellos que escriben la historia oficial de sus señores reconocen que la guerra no debe considerarse un bien. Alejandro de Telese, autor de la *Storia del serenissimo re Ruggero* (Roger II), lo dice con toda claridad: «Los hechos bélicos, aunque no pueden considerarse buenos, se cuentan porque en cierto modo indican y hasta imponen que no ocurran más y que el sumamente deseable vínculo de la paz viva luego en nosotros con perseverancia y no pueda disolverse tan fácilmente». En suma, la guerra es una advertencia, algo así como las cabalgadas didácticas de los señores catalanes... La guerra condiciona la vida de los hombres, la trastoca.

Los eclesiásticos lo saben de sobra, porque también ellos se ven afectados con mucha frecuencia, ya que sus bienes son bocados demasiado apetitosos para que no ocurra. En Cluny, a comienzos del siglo XI, se hacía frente a la guerra con dramaturgia incluida.

En la misa principal [...] los ministros cubrirán el suelo de la iglesia que está delante del altar con el cilicio y pondrán encima el crucifijo y el texto de los Evangelios y los cuerpos de los santos. Y todo el clero se postrará en el suelo [...] Entretanto, se tocarán dos campanas [...] Solo el sacerdote continuará de pie ante el cuerpo del Señor recién consagrado y de las antedichas reliquias, y comenzará a decir en voz alta esta invocación [...] *Nos confesamos culpables de los pecados por los que justamente se nos aflige. A ti venimos, Señor Jesús, y te invocamos postrados porque unos hombres inicuos y soberbios, confiando en sus fuerzas, por todas partes caen sobre nosotros [...] Manifiéstate, pues, Señor, para socorrernos, confórtanos y ayúdanos, haz la guerra a quien nos hace la guerra y véncelo, destruye la soberbia de los que atacan tu lugar y nos atacan a nosotros. Tú sabes, Señor, quienes son ellos y cuáles son sus nombres. Tú solo conoces sus cuerpos y sus corazones desde antes de que nacieran. Por eso, Señor, como Tú sabes, hazlos justos en tu virtud. Haz que ellos reconozcan, como te place, sus fechorías* (Cantarella, 2010).

Aún más desconsolado encontramos al autor anónimo de un pequeño tratado escrito hacia el 960 en Laon y para quien no es suficiente la fuerza de las armas espirituales y de los castigos espirituales:

Podríamos actuar de esa forma si estos de los que hablamos no se rieran tranquilamente de las oraciones pías y del derecho divino y humano, pero de tal modo se ha desenfrenado su soberbia que cuando ven a los sacros prelados recurrir a las armas divinas los desprecian por inertes e ignorantes y se animan los unos a los otros diciendo: «Dejad que esos locos se den golpes de pecho, arrebaten las campanas tirando de la cuerda hasta que la rompan, lean sentencias sin sentido y saquen a relucir a las autoridades canónicas, que nosotros mientras tanto disponemos de castillos y de protectores fuertes, y nos quedamos con lo que hemos invadido» *(ibid.)*.

Pese a todo, no debemos imaginar que en la Edad Media se combatiera de la mañana a la noche, ni que todos los días que Dios enviaba a la tierra fueran una desgraciada jornada de guerra. Así como nunca existió una Edad Media solo de luz y espiritualidad, tampoco existió un Medievo solo de hierro y sangre. También hubo paz. Cierto, una paz intermitente en la realidad comunal y «señoril» italiana. Las ciudades estuvieron perennemente en guerra entre sí, los ejércitos que podían llevar al campo de batalla eran pequeños pero estaban bien adiestrados; de cualquier modo, más importante que matar era capturar prisioneros por los que pedir un *rescate* en dinero contante y sonante. En las crónicas ciudadanas retumban términos como *presaliae* y *represaliae* (capturas y contracapturas); nuestras *represalias,* en realidad. Esto valía sobre todo para los caballeros, naturalmente; para la caballería del Comune, compuesta en parte por aristócratas urbanizados, pero mayoritariamente por jóvenes pertenecientes a las oligarquías que basaban su poder en la riqueza mobiliaria. Francisco de Asís era un *caballero,* y fue su encarcelamiento en Perugia (1202-1203) lo que produjo su profunda conversión. Como *caballero* lo trata su primer biógrafo, Tommaso da Celano, seguro de ser entendido por los interlocutores a los que se dirigía: Francisco, el caballero santo que conocía las aventuras de los caballeros, gentil y generoso, dispuesto a someterse a cualquier prueba con tal de encontrar el Grial; Francisco, que como todo caballero de raza apreciaba la expresión verbal con versos y música; Francisco el alegre, el juglar, pero de Dios; Francisco, que según la tradición de los caballeros infringía las normas por el hecho mismo de saltárselas sin respetar los estatutos sociales consolidados. Francisco el *aristócrata,* que vivió la forma aristocrática de la vida, la *largesse* (la generosidad), la *prouesse* (la audacia), el desprecio del dinero. Una vida heroica, consagrada al servicio de aquel gran rey al que, antes de su conversión, había tomado erróneamente por el emperador terrenal para luego comprender que se trataba del rey más grandes de todos los reyes, de Dios. Francisco, que se decía *inculto* pero no lo era. Francisco, el hijo de la ciudad. Gracias a la guerra, tenemos a Francisco. O mejor, al rechazo de la guerra, de la muerte en la guerra, del sufrimiento, de las miserias de la guerra dentro y fuera de los campos de batalla para todos. Al rechazo de lo que provoca y alimenta la guerra.

Ciudades

Centro neurálgico y punto de referencia y de organización del territorio. Desde siempre.

Objeto de deseo. A la ciudad, no solo en Italia, corrían a vivir los campesinos. En un solo siglo (de principios del XIII a principios del XIV), Florencia pasó de entre quince y veinte mil habitantes a más de cien mil. Reino de la libertad, el *Liber paradisus* (1256-1257) liberó a 5.585 siervos de la ciudad de Bolonia y su territorio rescatándolos de sus propietarios al precio de casi cincuenta y tres mil liras («Desde el principio, el señor Dios omnipotente plantó un paraíso lleno de delicias en el que colocó al hombre que había creado, cuyo cuerpo adornó con una vestidura espléndida y al que regaló la perfecta y perpetua libertad»). Además, ofrecía una fuerza de trabajo potencialmente siempre mayor y potencialmente siempre peor pagada (nosotros lo llamaríamos «mercado libre»), pero daba seguridad a algunos de los muchos que deseaban huir de la vida en los campos, explotados tanto por los nobles armados como por las oligarquías burguesas de las ciudades. Los boloñeses habían inventado un instrumento jurídico preciso y por eso mismo precioso que innovaba el principio del *Stadtluft macht frei* (el aire de la ciudad hace libre a quien consigue refugiarse en ella un año y un día y luego desaparecer sin ser descubierto por sus amos). Si la ciudad en general se hacía garante del estado de libertad, Bolonia, capital del derecho, lo confirmaba estipulando un contrato con los propietarios en forma jurídica e inequívoca, era fiadora de sus nuevos ciudadanos y pagaba por ellos; y estos debían compensarla con su trabajo, produciendo riqueza. La *libertas* caracteriza el emblema cívico de Bolonia, es el signo de la ciudad que siempre ha defendido y *liberado* a quien ha acogido, a quien la ha amado. El caso más reciente está a la vista de todos: Patrick Zaki[1].

No es que hayan quedado en Europa muchos centros históricos medievales (aunque en Italia quizá más que en otras partes), entre las guerras (los bombardeos en alfombra de la Segunda Guerra Mundial, los de la Guerra Civil española, las destrucciones durante y después de la Comuna de París, las guerras de Luis XIV en el Palatinado, las destrucciones de la Guerra de los Treinta Años y de las guerras de religión...), las reformas urbanísticas llevadas a cabo del siglo XV en adelante a partir de las ciudades ideales (Pienza, Sabbioneta) o de planta ortogonal (por ejemplo, Turín), las transformaciones normales a lo largo del tiempo, la sustitución de las casas de madera, paja, ladrillo y barro por casas de obra, las necesidades de representación de los príncipes territoriales... Y las adecuaciones conforme a la ciencia moderna de la higiene. Con frecuencia, lo que vemos en nuestro entorno es más un fruto del imaginario de los siglos XIX y XX que de la propia Edad Media;

1. Estudiante egipcio de Bolonia, que fue encarcelado al volver a su país por criticar en Internet la discriminación que sufren en Egipto los cristianos coptos. (*N. de la T.*).

y valdrá la pena recordar que el tejido urbano medieval de Roma se destruyó en gran medida para hacer sitio a la nueva capital después de la Unidad, al Altar de la Patria, al paseo de los Foros Imperiales o a la Via della Conciliazione. En cuanto a los residuos, cuando no se han utilizado y amasado de nuevo, se han convertido en terracerías de carreteras, estratos, *subsuelo.*

La configuración de la ciudad viene determinada por la orografía y muchas veces sigue el trazado de la antigua ciudad romana (como, por ejemplo, en Umbría), y el círculo de las murallas lo condiciona todo. En Venecia, ciudad inventada sobre las islas, las calles son estrechas por evidentes razones de ahorro de espacio. Los edificios, adosados unos a otros, no protegían de los vientos fríos del invierno y mucho menos de una humedad que ningún rayo de sol podía secar, mientras que en el verano la gente se ahogaba. El caso de Roma es el extremo opuesto. Dentro de las murallas tenía que haber espacio para plazas, palacios públicos, iglesias, monasterios, catedrales y conventos; zonas cultivadas que garantizaran un margen de subsistencia en caso de guerra, asedio o hambruna; canales para el aprovechamiento hídrico y el lavado de las mercancías a la venta en los mercados, la fuerza motriz para los molinos, el funcionamiento de las fuentes, la producción industrial (con la consiguiente contaminación de las aguas por la elaboración de los paños y por los colorantes para el curtido de las pieles. Casi sorprende que los primeros europeos que desembarcaron en la vastedad del Nuevo Mundo padecieran la *venganza de Moctezuma,* la mortal disentería) y para las entradas del tráfico comercial, motor de la economía ciudadana y del *bien público.* Y, naturalmente, junto con estos condicionamientos, una intensa especulación inmobiliaria (las instituciones eclesiásticas participaban activamente en la explotación del proceso de inmigración del campo a la ciudad) para sacar el mayor beneficio posible de los espacios disponibles. Los habitantes, salvo rarísimas excepciones, no eran muchos, pero las ciudades se abarrotaban porque estaban, por así decirlo, *comprimidas,* incluso después de las ampliaciones de los círculos de las murallas en los siglos XIII y XIV, porque debían ser *rentables.*

La gente vivía en las calles y en las plazas. Por lo demás, las casas eran oscuras y angostas y costaba mucho iluminarlas. «¡Si quieres luz, vete a la ventana!», predicaba Bernardino de Feltre a finales del siglo XV, pero solo los ricos tenían cristales, los demás únicamente contaban con postigos de madera, así que *ir a la ventana* suponía exponerse al aire, al viento, a la lluvia y a las vaharadas de nieve... Vivían mezclados con los animales, más o menos como en muchos pueblos y muchas periferias de muchas megalópolis de hoy en día; por las calles pasaban las vacas, los caballos, los asnos, las mulas, los rebaños de ovejas y de cabras, y allí escarbaban las gallinas y las ocas. El 9 de octubre de 1296, el Comune de Siena aprobó una concesión para limpiar la Piazza del Campo de estiércol y residuos. De los residuos de granos se ocupaban una cerda y cuatro cerditos, que a su debido tiempo se convertirían en comida y recursos. En Valencia, por ejemplo, las calles todavía estaban sin empedrar en el siglo XVIII porque el estiércol de los animales se sacaba de las murallas para fertilizar los campos. La presencia de los cerdos era constante: se tropezaba con ellos fuera y dentro de las casas, donde entraban tranquilamente porque las puertas solían ser la única abertura y se dejaban abiertas para disfrutar de un poco de aire y de luz. Entonces, ¿todo como en el campo? No, todo mucho más concentrado en espacios mucho más reducidos. No hay que asombrarse de que estallaran terribles epidemias con una mortandad multiplicada por la facilidad, casi la *inevitabilidad,* del contagio (Florencia pasó de los cien mil habitantes de 1347 a los treinta y dos mil de 1349). Se necesitaron siglos de experimentos e intentos de regulación de la vida urbana para que los habitantes de las ciudades aprendieran a defenderse con eficacia de su propio espacio vital. La higiene es una ciencia del siglo XIX y, por tanto, no podía ser un problema de la Edad Media, ni de la mayor parte de la Edad Moderna.

Las ciudades eran el motor de la producción de riqueza porque allí se podían ejercer los oficios más variados y útiles (por ejemplo, las prostitutas –aplicaran o no a sus vestidos las etiquetas que repetida y por lo general inútilmente se les imponían, igual que a los judíos– encontraban clientes con mayor facilidad; los carpinteros podían tener muchos más encargos, etc.); y se podían inventar también oficios nuevos, porque la circulación de la riqueza imponía nuevas profesiones como la de los funcionarios juristas, lo que permitía la formación de auténticas dinastías o a través de las cuales se transformaban las antiguas dinastías de señores, que deponían las armas de acero para empuñar las no menos hirientes de las leyes, de modo que pudieran conservar su poder del todo o en parte. La ciudad se hacía garante de la corrección de los procedimientos. Por ejemplo, las normas que regulaban las transacciones en Bolonia están grabadas en una placa que vemos en el muro del Palazzo d'Accursio y las medidas disciplinarias de los diferentes oficios están bien claras en los magníficos *Estatutos* miniados de las corporaciones. Por todo esto, los orgullosos y privilegiados habitantes de las ciudades estaban dispuestos a morir o a sacrificar amigos y parientes, como hicieron los habitantes de Milán y Crema en 1159 cuando asaetearon las máquinas de asedio de Federico Barbarroja en las que estaban atados, como escudos humanos, sus conciudadanos prisioneros. Para defender todo esto se deshacían, con un ritual de ignominia y violencia, de los condenados a muerte, a los que sacaban de la ciudad acompañados hasta el patíbulo entre chistes y vituperios, aunque antes los hubieran apreciado mucho, aunque hubieran tenido muchos partidarios, aunque sus conciudadanos hubieran estado dispuestos a seguirlos hasta el fin del mundo. Mejor dicho, si hubiera sido así, con mayor razón, y más aún si venían de fuera y los podían considerar «extranjeros». Le pasó a Savonarola en Florencia (1498), y en Roma le pasó a Arnaldo de Brescia, cuyas cenizas fueron arrojadas al Tíber «para que su cuerpo no se convirtiera en objeto de veneración del pueblo encolerizado» (en realidad, Arnaldo era culpable del delito de *lesa majestad,* cuya pena incluía que no quedase memoria del culpable). Los «extranjeros», entonces como ahora, eran una coartada cómoda. Inocencio III puso en guardia a los florentinos contra los herejes «que han entrado en nuestra ciudad» (5 de marzo de 1206). Pero lo mismo le ocurrió a Cola di Rienzo (1354), que más romano no podía ser.

La ciudad era también el escenario permanente de la lucha entre facciones y de la tiranía de los más poderosos y arrogantes (como los Bostichi de Florencia, que todavía a comienzos del siglo XIV mantenían un tribunal privado y un centro de tortura propio cerca del Mercado Nuevo). Era el escenario de las *faidas* y las venganzas, pero también de las normas, pues, aunque la *faida* consista en el ejercicio de una justicia privada exclusivo de ciertas familias, *faida* y venganza eran públicas, las hostilidades entre familias eran públicas y los juristas que actuaban de mediadores en los conflictos contribuían a crear y proporcionar las normas. Los grupos de poder eran múltiples, razón por la cual en la época de los Comunes hubo numerosos *cónsules*. De ese modo se trazó el urbanismo de la ciudad, salpicado de las casas-torres familiares (en los siglos XII-XIII había unas doscientas diecinueve dentro de las murallas; la «oscura y torreada Bolonia» de Giosuè Carducci cambió de aspecto después de la reforma de los siglos XIX y XX) que presidían microterritorios en torno a los cuales se apretaban las viviendas de los parientes y los aliados de esa familia en concreto (las *consorterie),* como se aprecia en el ejemplo evidente de Génova. Es el *Comune.*

No se trata de un fenómeno solo italiano. *Comune, commune, communum, communia* (un neutro plural, «las cosas gestionadas en común») designa un interés colectivo, los intereses de la ciudad administrados en común por los ciudadanos dotados de los derechos para hacerlo, de los bienes para conseguirlo y del interés para llevarlo a cabo. El objetivo común era el *bien público,* esto es, un avance económico ordenado. Pero cuando el bien público se vio amenazado por las luchas hegemónicas entre los distintos grupos de poder, las ciudades, no sin resistencias y contradicciones, comenzaron a llamar a hombres de fuera para confiarles el gobierno, hombres a los que se reconocían competencias y capacidades suficientes para resolver conflictos, pagados por contrato (los *podestà,* una de las nuevas profesiones) y bajo la férula de familias que tenían capacidad militar suficiente para garantizar la paz interna a partir de la nobleza militar más antigua (los señores), hasta llegar, como en el Milán del siglo XV, a los comandantes militares de probada eficacia (los Sforza). También en este caso cada ciudad tiene su propia historia, pues los Comunes no aparecieron a la vez en los mismos años. En Venecia no hubo señores y la ciudad estuvo siempre gobernada por la aristocracia de la riqueza que dominaba el duque *(doge),* el cual, para garantizarse el gobierno, procedió a una serie de *Serrate*[2], un siglo y medio de experimentos, una forma definitiva en el primer cuarto del siglo XIV. En Florencia, los señores fueron también la aristocracia de la riqueza: los Médicis. Por su parte, fuera de Italia, en la Italia del centro y el sur y en las tierras del imperio las autonomías políticas ciudadanas tuvieron que buscar formas de convivencia y garantía con los poderes reales y principescos, pero sin abdicar nunca de su estatus de autonomía. Para Gilles Le Muisis (que escribía en la primera mitad del siglo XIV) en Tournai el Comune había existido siempre.

Las ciudades eran el escenario de las diferencias sociales y del orden del mundo. El *Buongoverno* de Ambrogio Lorenzetti que vemos en el Palacio Público de Siena es una representación ideal y sobre todo política. Las diferencias se escenificaban, se exhibían y hasta se ostentaban: en las ropas de las damas y de los hombres debía verse que el estatus estaba en relación directa con las fluctuaciones de la

2. Golpe de mano para imponer que el cargo de dogo pasara de ser elegible a ser hereditario. *(N. de la T.).*

6. El mundo de los laicos

riqueza. De ahí las críticas al lujo y el intento de impedir que la mujer del comerciante rivalizara con la mujer del caballero o, peor aún, que la superara en la ostentación del vestido, es decir, en su precio, en la capacidad de inmovilizar riqueza en una especie de librea improductiva; y de ahí las críticas de los predicadores contra esa inmovilización de dinero que, al no invertirse, no podía producir una nueva riqueza que impregnara toda la ciudad, porque la riqueza no era condenable cuando beneficiaba a la totalidad de los ciudadanos y de los cristianos y a su bien público. En la Baja Edad Media los frailes elaboraban los más dinámicos conceptos económicos. Pero de ahí también, al final del Medievo, las hogueras de las vanidades y las danzas macabras. «Yo soy la Muerte cierta á todas criaturas», dice una danza macabra española de finales del siglo XV. La muerte los nivela a todos, sin excepción.

Y fue en la ciudad donde encontró terreno fértil la poesía en lengua vulgar, que había sido un deleite de la corte imperial-regia de Federico II y del propio emperador. La poesía es fundamental porque con ella se sientan las bases de una *lengua común,* un instrumento de comunicación internacional en un espacio y una época en los que un aluvión de lenguas se habían acumulado unas sobre otras, se habían entrecruzado unas con otras, habían producido lenguas nuevas e impensables y continuaban todavía abiertas a las aportaciones externas de lenguas pertenecientes a otras familias lingüísticas, dispuestas a germinar nuevas y provisionales identidades... ¿Por qué asombrarse? La ciudad era el lugar de los encuentros, un microcosmos en el que vivían todas las clases, unas junto a otras. Y más lo eran aquellas en las que confluían jóvenes de todas las partes de la Europa cristiana, las ciudades universitarias: París y Bolonia, con sus severos estudios, sus controversias doctrinales y sus diversiones. La iglesia, el estudio, la taberna y el burdel estaban unos al lado de los otros; los jóvenes escribían canciones en provenzal y en la primera literatura en lengua vulgar en el revés de las misma páginas que contenían importantes nociones jurídicas. «Al cor gentil rempaira sempre amore» es el comienzo de la famosa *canzone* del boloñés Guido Guinizelli, en los albores de la poesía italiana. No es la poesía toscana, porque en Bolonia no se hablaba así, pero es una de las primeras señales de la fundación de una lengua artificial, que podía ser solo culta pero que sin embargo era realmente necesaria para la comunicación cotidiana. El italiano, es decir, el toscano, fue desde la Edad Media hasta el siglo pasado una lengua *internacional,* más o menos como el francés del siglo XVIII o el inglés de ahora. Era una lengua convencional que servía para la comunicación y que de inmediato adoptó la forma literaria porque la manejaban los hombres de las clases cultas, dado que los servía a ellos o a los jóvenes que se pagaban los estudios para ser admitidos en las clases altas y convertirse en clase dirigente. Incluidos los que renunciaban a su destino programado, como Francisco. Un instrumento continuamente puesto al día y afinado gracias a las dinámicas internas del régimen lingüístico.

El italiano nació como lengua de la sociedad ciudadana: la *sociedad burguesa.* La ciudad, *motor* y tal vez *vértice* de la historia.

7. Mundos ocultos

Reconquista

¿Qué es la Reconquista? Se da por sentado que se trata del proceso que devolvió la península ibérica a los cristianos después de la rápida conquista de los musulmanes procedentes del norte de África (711). Quizá incluso una anticipación de las cruzadas.

No es así. En la Edad Media no se hablaba de reconquista, solo existía el término «conquista». El verbo *«reconquistar* se usó por primera vez en castellano en 1646, en la *Histórica relación del Reyno de Chile y de las misiones y ministerios que exercita la Compañía de Jesús»* (Ríos Saloma, 2011). Nada que ver con las guerras entre cristianos y musulmanes en la península ibérica. En ese sentido apareció en 1796, pero comenzó a utilizarse en 1808 a raíz de la invasión napoleónica, como hizo Antonio de Capmany en *Centinela contra franceses.* Los franceses eran como los musulmanes y hasta peores: «Cuando desembarcaron los africanos en España, entraron como enemigos, como conquistadores, como propagadores del Alcorán; no nos engañaron con pretextos ni títulos de amistad y protección»; Mahoma y Napoleón «vinieron al mundo para arruinar los fundamentos de la verdadera fe y del imperio de los reyes, y ambos han hecho correr ríos de sangre humana en las tres partes del mundo»[1]. En 1810 apareció en la ciudad de México una obrita de Juan Bautista Arizpe *(Patriotismo y gloriosas empresas del excelentísimo marqués de la Romana en la reconquista del reino de Galicia)* sobre Pedro Caro y Sureda (1761-1811), marqués de la Romana, que al enterarse en Dinamarca de la invasión napoleónica desembarcó en España con sus tropas y liberó Santiago: *reconquista,* pues los españoles habían *recuperado* una tierra *conquistada* por los franceses. El término se empleó cada vez con mayor frecuencia a partir de los años cuarenta (por ejemplo, Louis Romey, 1840; Ortiz y Sanz, 1841; Alcalá Galiano, 1844), pero fue en 1851 cuando comenzó a tener el significado que nos es familiar, cuando Modesto Lafuente definió la Reconquista como el periodo histórico que había visto «el *ensanchamiento* de los reinos cristianos». La narración literaria acompañó y en cierto sentido anticipó su uso historiográfico, como en el caso de la novela histórica *El doncel de don Enrique el Doliente,* de Mariano José de Larra (1843), a la que siguieron otras obras literarias (1852, *¡En nombre de Dios! Dramas de la Reconquista española en tiempos de los árabes;* 1874, *El ángel de la patria: crónicas de la Reconquista de España).* Pero ya en 1860, en la *Historia*

---

1. Antonio de Capmany y de Montpalau, *Centinela contra franceses,* Biblioteca Virtual Cervantes. *(N. de la T.).*

General de España, Antonio Cavanilles hablaba de la «sublime epopeya de la reconquista». El término se consolidó en el último cuarto del siglo XIX. Según Eduardo Zamora y Caballero (1873), en la *Reconquista* («la guerra de siete siglos» contra el islam) se hallaban los orígenes de la nación, un proceso histórico ininterrumpido a partir de la batalla de Covadonga (712). De «idea patriótica de reconquista» habló Antonio Bofarull (1876); de los «ocho siglos de la reconquista» trató el discurso de entrada a la Real Academia de la Historia (1879) de Francisco Cordera; a «un grandioso poema de gloria y grandeza» se refirió Martínez de Velasco (1880); y en 1892, el padre escolapio Jiménez Campaña, rector del colegio de Granada, literato y académico, pronunció todo un sermón sobre la *reconquista* de esa ciudad.

Fueron tiempos dramáticos. Isabel II reinaba desde 1833 porque su padre Fernando VII había abolido la ley sálica, lo que permitía a su hija acceder al trono, pero de inmediato comenzó la rebelión de los carlistas (por don Carlos de Borbón, hermano de Fernando) y estallaron las guerras, que duraron intermitentemente hasta 1876, cuando Alfonso XII, hijo de una Isabel II todavía viva (murió en 1904), consiguió sentarse en el trono gracias a un golpe de Estado que acabó con la primera república de la historia española (la *Gloriosa,* 1873-1874); en medio estuvieron también los dos años de Amadeo I de Saboya (1871-1873), y no es casualidad que en 1878 José Dicenta publicara un poema sobre la *reconquista* de Madrid por obra de Alfonso VI en el siglo XI, pues en el espejo de la *Reconquista* resplandecía la restauración de los legítimos soberanos borbones.

Alfonso XII murió a los veintiocho años en 1885, dejando a su hijo Alfonso XIII bajo la regencia de la reina María

Cristina de Austria. Trece años después, en 1898, el *Desastre:* la derrota a manos de Estados Unidos y la pérdida de lo que quedaba del enorme imperio en el Atlántico y el Pacífico (Cuba y las Filipinas). En el Nuevo Mundo era la etapa concluyente de un proceso iniciado en 1810 (la *Junta de Caracas* y la independencia de México) por el que las Américas se separaron del reino en el espacio de una decena de años. La Luisiana, adquirida por el reino de España después de la Guerra de los Siete Años, se había vendido a Napoleón en 1800, y en 1819-1821 se vendió la Florida a los Estados Unidos, que, conforme a la doctrina Monroe, intervinieron enseguida en Iberoamérica. La guerra entre México y Estados Unidos de 1845-1847 (que siguió a la secesión de Texas, 1835-1836) llevó a la ocupación de la ciudad de México por el ejército estadounidense en 1846. Pero en 1898, en menos de diez meses, se produjo «el desplome total del antiguo imperio monárquico español» (Alberti, 1976). Fue traumático. Y lo cambió todo.

Se desplomaba la propia identidad de España. Los intelectuales de la Generación del 98 recuperaron la idea de *Reconquista* porque España debía *reencontrarse a sí misma* e inspirarse en su modelo original. En 1919, Sánchez Albornoz habló de *cruzada de reconquista* para rescatar a Castilla, la generadora de España, su rectitud moral y su papel ejemplar. La *Reconquista* se alargó hasta la Guerra Civil, porque el *alzamiento* de Francisco Franco fue una *reconquista* contra los infieles (los republicanos, «el alma bastarda de los hijos de Moscú [...] los judíos y los masones [...] las sociedades secretas dominadas por la Internacional semita», en palabras de Isidro Gomá, arzobispo de Toledo y primado de España, el 28 de septiembre de 1936) que habían derroca-

do la monarquía y querían derrocar la religión; la «justísi-
ma guerra» (rezaba una placa conmemorativa de 1937 que
aún se podía leer en 1990 en la Universidad de Salamanca);
*La guerra de reconquista española que ha salvado a Europa del
comunismo* (Esperabé de Arteaga, 1939), una *cruzada* (el
obispo de Salamanca, Enrique Pla y Deniel, en *Las dos ciudades,* 28 de septiembre de 1936), una auténtica *cruzada de
reconquista* contra el «espíritu anticristiano [...] que quería
sustituir la antigua civilización española y todos sus compo-
nentes por la nueva *civilización* de los sóviets rusos» (*Carta
colectiva* de los obispos del 1 de julio de 1937. Cambie-
mos el *código napoleónico* por el *sóviet ruso* y encontraremos
los mismos elementos de 1808). Sánchez Albornoz y Américo Castro (que continuó considerando al abad Hugo
de Cluny, protagonista de la gran expansión cluniacense en
Castilla, «el Napoléon cluniacense»), los dos grandes historiadores españoles, consiguieron exiliarse en el Nuevo
Mundo (Argentina y Estados Unidos). Menéndez Pidal fue
la musa, aunque bastante incómoda, del franquismo triunfante.

Tenía veintinueve años en el momento del *Desastre* del
98, era hijo de un magistrado que, al negarse a prestar jura-
mento de fidelidad a la *Gloriosa,* fue privado del cargo; se
había formado entre Castilla, Andalucía y Asturias protegi-
do por su tío, el marqués de Pidal, que en 1863 había com-
prado el único manuscrito del *Cantar de Mio Cid,* cuya edi-
ción (1892-1893) le valió el premio de la Real Academia
Española. De 1929 data su obra maestra *La España del Cid.*
Eran los años de Primo de Rivera, dictador desde 1923 con
el apoyo de Alfonso XIII. El Cid era el modelo del verdadero español, caballero incomparable, devoto del rey y de

la fe, implacable contra los infieles, incansable en la obra de *reconquista* de todo lo perdido por los cristianos en el 711, razón por la que el libro fue adoptado, igual que ocurrió en Alemania con el *Federico II* de Ernst Kantorowicz (1927), como texto de formación en las academias militares. Menéndez Pidal tenía sesenta años, gozaba de una enorme autoridad y era unánimemente respetado (incluso por la transgresora generación de García Lorca, Alonso, Guillén, Mejías, Alberti); su obra, como la de Kantorowicz para Alemania, era un *discurso sobre España* en forma de narración histórica unánimemente compartida. La *Reconquista* era la identidad originaria.

Sin embargo, estaba recién inventada, porque hasta el *Desastre* del 98 la identidad española había sido la *hispanidad*, el «extraño e inmenso imperio colonial» (Américo Castro, 1995), la proyección en los océanos (desenterrada en Uruguay en 1934, adoptada por la madre patria y desde entonces celebrada el 12 de octubre).

Más o menos como Kantorowicz, Menéndez Pidal era demasiado monárquico, conservador y leal para ser un franquista entusiasta, y aunque en el periódico de Burgos se apelara a «Mio Cid» (1937), aunque Aranda, el general nacionalista, se comparara con el caballero y aunque el Cid tuviera una estatua monumental en Burgos, inmediatamente después fue quedando poco a poco marginado y aislado, se le despojó de la presidencia de la Academia, padeció la humillación de tener que presentarse todas las semanas ante una comisión investigadora por culpa de una denuncia anónima y se le bloqueó la cuenta bancaria; hasta 1947 no le devolvieron la presidencia de la Academia, a raíz de varios cambios en el seno de la dictadura, de la expulsión de la Falange de algunos ministerios clave (como el de Economía) y del acceso al poder del Opus Dei. Los tiempos empezaban a cambiar, aunque con mucha lentitud. Murió a los noventa y nueve años y le dio tiempo a colaborar con Hollywood (1961), después de haber asistido a la alianza con los antiguos enemigos que habían hundido del todo el imperio, los Estados Unidos, estipulada con los pactos secretos del 26 de septiembre de 1953...

Así pues, ¿la *reconquista* es la que va del 722 a 1492 y pone fin a la *conquista* del 711? ¿O es el *ensanchamiento* de los reinos cristianos, como lo llamó Lafuente en 1851? Lo que se admite es que no es una categoría medieval, pero que sea una categoría útil y no engañosa ya es algo que provoca discusiones encendidas, aunque muchos lo utilizan por comodidad o por convicción neoideológica: «La recuperación de la más rancia, trasnochada y patriotera versión nacional-católica de la Reconquista, fenómeno del que se han hecho amplio eco los medios de comunicación de distintas tendencias en los últimos años» (García Sanjuán, 2022, pp. 226-227). Y es que continúa estando en juego la identidad de *una* nación, y con ese tipo de cosas no se juega... Porque la *Reconquista* vale solo para España. Portugal queda fuera, aunque los cristianos conquistaron Lisboa el 25 de octubre de 1147, y aunque en 1169 habrían podido conquistar también Badajoz si Fernando II de Castilla no se hubiera aliado con los almohades que tenían la ciudad para impedir que Portugal accediera a la región de Extremadura. Sin embargo, en Portugal nunca se sintió la necesidad de decir que los portugueses hubieran *reconquistado* nada. Si *reconquistaron* algo, fue el reino a los españoles el 15 de diciembre de 1640, después de cincuenta y siete años de forzada anexión a España...

Primos

España y Portugal son dos reinos *primos,* literalmente. De los reinos que se formaron en los siglos XI y XII son aquellos cuya historia normalmente es menos conocida. La más accidentada es la de España, caracterizada por una pluralidad de reinos que se fundaban, se unían, se separaban y se volvían a unir.

Vayamos a los orígenes.

En el 910 Alfonso III reunió los reinos de Galicia, Asturias y León y añadió al título real el de emperador, una «soberanía más alta» (como Athelstan en Inglaterra). Castilla nació como condado en los años treinta del siglo X por obra de Fernán González (Fernando, hijo de Gonzalo), conde de Álava y de Burgos, y en 1037, unida ya a León, se convirtió en reino. Había nacido la Castilla-León que iba a caracterizar toda la historia por venir. El primer rey fue Fernando I, hijo de Sancho III el Mayor, rey de Pamplona.

Pamplona, o Iruña o la Navarrería (el núcleo más antiguo de la ciudad) está en el límite meridional de Vasconia, que por el norte llega prácticamente a las fuentes del Garona (la Gascuña de d'Artagnan). Puesto que Roncesvalles está en los Pirineos, serían los vascos quienes infligieran a Carlomagno la mayor humillación con la muerte del gran Roldán. La presencia de los musulmanes fue decisiva, ya que el emir de Zaragoza había facilitado el camino a la expedición de Carlomagno en el 778, de modo que los Banu Qasi fueron útiles para que los Íñigo y los Jiménez extendieran el reino de Pamplona. Después de muchas traiciones y cambios de dinastía, en el 922 Sancho I Garcés (Antso en vasco) había unido al reino de Pamplona el condado de Aragón (la parte de la región al norte del Ebro), que en la época carolingia estaba vinculado al imperio.

Aragón se convirtió también en reino, casi a la vez que Castilla y León. Su primer rey fue Ramiro, un bastardo de Sancho III el Mayor. De ese modo la familia de los pamploneses se repartía el dominio del cuadrante que desde los Pirineos conduce a Galicia y al Atlántico. Fue entonces cuando se consolidó el *camino* de Santiago, el que conduce a la tumba del apóstol y a su iglesia, salpicado de frecuentes y repetidas fundaciones eclesiásticas y monacales, etapas potenciales del trayecto, centros capaces de dominar los territorios y de enlazar todo el norte de la península bajo la bandera de la devoción y de la seguridad política y militar.

A su muerte en 1065, Fernando I dividió el reino de Castilla y León entre sus tres hijos, Sancho, Alfonso y García, y sus dos hijas, Urraca y Elvira. Siguieron siete años de guerras fratricidas. El 7 de octubre de 1072 murió Sancho durante el asedio de Zamora, lugar estratégico de comunicación entre Castilla, León, el sur de Galicia y el norte del condado portucalense. Alfonso VI era rey de Castilla, León y Galicia. Su reino duraría treinta y siete años y con él todo volvería a cambiar una vez más. Tendrá muchas esposas y amantes, pero solo le darán hijas, salvo su última mujer, Isabel.

Esta, en realidad, se llamaba Zaida. Mujer del *muluk* de Córdoba y nuera del *muluk* de Sevilla, fue hecha prisionera y vivió bajo la protección de Alfonso, a quien en 1094 dio un hijo, Sancho. Entre 1094 y 1100 fue bautizada con el nombre de Isabel; luego le dio dos hijas, Sancha y Elvira. Los nombres de los hijos los incluían en la línea oficial de la Casa de Pamplona, a la que pertenecía el rey. A partir de

1107 no se supo más de ella. Sencillamente, fue *eliminada* de la memoria histórica del reino.

En 1108, Sancho, que tenía quince años, obligado a luchar contra los almorávides, murió en la batalla. Al año siguiente falleció el propio Alfonso VI.

En 1081, desposado ya en segundas nupcias con Constanza, sobrina de Hugo de Cluny, había casado a sus dos hijas, Urraca y Teresa, hija esta última de una de sus amantes (Jimena Muñoz), aunque legitimada, con Raimundo y Enrique de Borgoña (1087, 1093), que habían intervenido en su ayuda. En 1085-1086 nombró conde de Portugal a Enrique. Urraca, ya viuda, fue desposada a toda prisa por Alfonso Ramírez, rey de Aragón (Alfonso el Batallador). Enrique de Borgoña, apoyando unas veces al Batallador y otras a Urraca, intentó expandirse hacia el este, y entre 1109 y 1112 (año de su muerte) ocupó Zamora, Astorga, Salamanca y quizá Ávila y parte de Extremadura. Basta con echar un vistazo al mapa para ver su intención de enseñorearse de un amplio corredor territorial norte-sur. De hecho, gobernaba como rey. Pero de esa forma entraba en competición con Diego Gelmírez, obispo de Santiago, cuyas ambiciones de expansión incluían tierras gallegas, portuguesas y castellanas (Lugo, Coímbra, Salamanca). A este tuvo que confiarle Urraca a su hijo Alfonso (el futuro Alfonso VII), prácticamente como rehén, con el fin de obtener su apoyo y probablemente para alejar al niño de su *batallador* marido, que continuaba proclamándose *rey de Castilla y emperador de toda España* incluso después de la anulación de su matrimonio con Urraca en 1114. A partir de 1112, Teresa y su amante –o tal vez segundo marido–, Fernando Pérez de Traba, conde de Galicia, intentaron adueñarse de la señoría que se había establecido bajo el dominio personal del difunto Enrique. Teresa se hizo llamar *reina* y trató de reinventar el reino de Galicia.

Así pues, a partir de 1114 la sucesión al trono de Castilla y León fue un asunto entre hermanas. Teresa tenía también un hijo, Alfonso; Elvira, enviada a casarse con Roger II, conde de Sicilia, dio a luz en torno a 1120 a su tercer hijo, también llamado Alfonso, un nombre que era en sí mismo una reivindicación de legitimidad.

Alfonso Raimúndez, el hijo de Urraca nacido en 1105; Afonso Henriques, el hijo de Teresa nacido en 1109, y Alfonso de Sicilia, nacido en 1120. Tres hermanas, tres hijos, tres primos. Alfonso de Sicilia nunca tuvo motivo ni posibilidad de implicarse con España; fue duque de Nápoles y príncipe de Capua en el reino fundado por su padre y murió joven (1144). En 1126, Alfonso Raimúndez enterró a su incómoda madre y fue rey de Castilla y León. Afonso Henriques, que tenía una madre no menos incómoda, la derrotó, a ella y a Fernando Pérez de Traba, en 1128, y los devolvió al norte del Miño. Era el nuevo protagonista del escenario occidental de la península ibérica; en 1139-1140 se autoproclamó rey de Portugal, un reino nuevo, y el 24 de octubre de 1147 conquistó Lisboa después de un asedio de diecisiete semanas.

España y Portugal son dos reinos *primos,* literalmente. «Le cousinage est un dangereux voisinage, n'est-ce pas?», escribió Lev Tolstói en *Guerra y paz* (II, III, 21). La creación del reino de Castilla llegaba a su conclusión después de un proceso que había durado un par de siglos; la del reino de Portugal, solo unos treinta años.

Y en la otra punta del recorrido...

Desde 1162 el reino de Pamplona se llamó de Navarra; después de la muerte de Sancho VII (1231), fue ofrecido al conde de Champagne; su hija se casó con Felipe IV el Hermoso y desde entonces el reino quedó bajo el dominio de Francia. Alfonso VII había dividido León y Castilla (1157), pero se reunificaron en la persona de Fernando II (1230), mientras que los leoneses ocupaban las ciudades de Cáceres, Badajoz y Mérida y, en la primera mitad del siglo XIII, los portugueses tomaban el Algarve. En 1212 la victoria de las Navas de Tolosa sobre los almohades (bereberes que, tras sublevarse contra los almorávides, habían conquistado Marrakech y Sevilla en 1147) dejaba expedito para los castellanos el camino de la conquista de Andalucía (1236-1292).

En la guerra de cruzada había participado también Pedro II de Aragón (apodado el Católico) y conde de Barcelona, hijo de Ramón Berenguer V, conde de Barcelona, que por razones dinásticas se había convertido en rey de Aragón en 1163 (adoptando el nombre de Alfonso II) y había heredado el condado de Provenza; de hecho, sus dominios se extendían desde Auvernia (Rodez), pasando por Montpellier y el Rosellón, hasta el interior del sur de Valencia. Por eso, en 1213, intervino para contrarrestar la expansión francesa (la cruzada contra los albigenses), pero murió en la batalla de Muret. Desde entonces el reino de Aragón se concentró más hacia Cataluña y Barcelona y se orientó hacia el Mediterráneo, razón por la cual en 1282 Pedro III comenzó la conquista de Sicilia. En 1410 se extinguió la dinastía barcelonesa y dos años después un arbitrio de las *Cortes* asignó el reino al infante de Castilla, Fernando (I de Aragón), cuyo hijo, Alfonso V el Magnánimo, entró en Nápoles en 1442, aunque murió sin dejar hijos legítimos. Entonces le llegó el turno a su hermano, Juan II.

Castilla había sido siempre el escenario del choque entre la monarquía y las grandes familias nobles. En 1465 depusieron al rey Enrique IV el Impotente y nombraron a Alfonso, de la Casa de Trastámara, pero este murió a los quince años (quizá envenenado), en 1468. Reconocieron, entonces, como heredera a su hermana Isabel, la Católica, que en 1469 se casó con Fernando II de Aragón, hijo de Juan II, y en 1474 fue finalmente reina de Castilla. Ambos fueron los *Reyes Católicos*. Desde entonces hubo nuevas guerras con Portugal como las que habían salpicado todo el siglo XIV, tanto en las costas de África (los castellanos habían desembarcado en las Canarias en 1402, y los portugueses, en Madeira en 1423. La nueva Casa de los Avis practicaba la impresionante política marítima que dio origen al imperio portugués; el primer cargamento de doscientos sesenta y dos esclavos africanos desembarcó en Portugal en 1444 y fue recibido personalmente por el rey Enrique el Navegante; en 1487, Bartolomeu Dias inauguró el camino de la India, doblando el cabo que Juan II quiso llamar «de Buena Esperanza») como a lo largo de la frontera, porque una parte de la nobleza apoyaba a Juana la Beltraneja, tal vez hija ilegítima de Enrique IV y de Juana de Avis (infanta de Portugal) y que en 1475 se casó con Alfonso V de Portugal.

El 2 de enero de 1492, Isabel y Fernando entraron en Granada. Una conquista, no una fusión. Menéndez Pidal, patriota entusiasta, no pudo disimularlo, lo que explica que en 1916 dijera que «Castilla no es toda España, pero su espíritu es la unidad de España y así ha sido desde su aparición en el escenario de la historia» (1916). En 1498, el portugués Vasco de Gama llegaba a Calcuta y en 1492 Cristóbal Colón desembarcaba en América. Aparecía un mundo completamente nuevo.

En 1526, Carlos V (hijo de la infeliz Juana la Loca, hija de los Reyes Católicos y mujer de Felipe el Hermoso de Austria), en cuyo reino *no se ponía nunca el sol* y que decía «hablo español con Dios, italiano con las mujeres, francés con los hombres y alemán con mi caballo», se casó con una de sus primas, la bellísima Isabel de Avis, hija de Manuel I y de María de Aragón, hija esta última de los Reyes Católicos. «Vous savez, entre cousin et cousine... Cette intimité mène quelquefois à l'amour».

Una vez más, *primos,* pero, esta vez, el *amor...* Después de la muerte precoz de ella (1539), Carlos V no volvió a casarse.

Reinos

Con un ligero anticipo sobre España, pero prácticamente al mismo tiempo, se creó el reino normando de Inglaterra, tras la conquista de Guillermo, duque de Normandía, en 1066 y la victoria sobre el rey Harold en Hastings. Si la conquista en sí no fue muy difícil, consolidarla resultó mucho más arduo. Se mantuvieron las fronteras internas, aparte de la frontera con Escocia, hasta la segunda mitad del siglo XII, y los monjes cluniacenses se encargaron también del territorio. Las guerras de sucesión a raíz de la muerte de Guillermo, que había conseguido estabilizar la situación mediante unas campañas enormemente sangrientas, y de su sucesor Guillermo Rufo (el Rojo), que nunca llegó a casarse ni tuvo hijos naturales, involucraron a dos hermanos de este, Enrique y Roberto Curthose. Roberto, de regreso de Tierra Santa, tuvo que aceptar el hecho consumado de la elección de Enrique (Enrique I Beauclerc) e intentó la revancha, pero Enrique consiguió mantener las riendas feudales y personales de su reino a un lado y otro del canal de la Mancha y en 1106, vencedor en Tinchebray, se erigió en rey indiscutible. Su hermano pasó veintiocho años en honorable pero férrea prisión y en ella murió. Durante los cien años posteriores todo cambió radicalmente. En 1154 subió al trono Enrique II Plantagenet, hijo de la emperatriz Matilde, hija de Enrique I (que, viuda del emperador Enrique V, conservó celosamente el título imperial), y de Godofredo, conde de Anjou y de Maine; en 1157 se casó con Leonor de Aquitania, arrancada al rey de Francia, y se creó así el llamado «imperio Plantagenet», que llegaba por el sur hasta los Pirineos y que incluyó por occidente, alternativamente, una gran parte de Irlanda (tierra de incursiones y de conquistas por los nobles anglonormandos y de intervenciones reales), y por el este, el ducado de Bretaña. El reino quedó destruido por las guerras de los hijos de Enrique II contra su padre y entre sí, y en 1215, como se sabe, Juan sin Tierra se vio obligado a conceder la *Magna Charta Libertatum.*

Casi contemporáneo del reino de Portugal, pero también en este caso con un leve anticipo, se creó el reino de Sicilia con Roger II. Su fastuosa coronación (Palermo, 25 de diciembre de 1130) sancionaba la unión personal de todos los condados, ducados y principados a uno y otro lado del estrecho de Messina. También en este caso, la situación se estabilizó a costa de múltiples campañas militares, algunas de las cuales perdió Roger, y de muchísima sangre, en el contexto general de un largo cisma papal en Roma (Anacleto II, que había apoyado el reino, e Inocencio II, que había pedido incluso la intervención del emperador contra él), la rivalidad entre Pisa, Amalfi y Génova y finalmente la Segunda Cruzada, a raíz de la cual, por el apoyo prestado a Luis VII de Francia y a su esposa Leonor de Aquitania, se produjo la legitimación internacional de Roger y de su reino. Como es sabido, la dinastía de los Altavilla se extinguió en 1189 con la muerte de Guillermo II, nieto de Roger II, y la corona pasó, no sin dificultades, a Federico II Hohenstaufen, hijo de Constanza, la hija póstuma de Roger, y del emperador Enrique VI. Y después de la muerte de Federico II (1250) pasó a Carlos de Anjou. Pese a las numerosas convulsiones, el reino sobrevivió y prosperó hasta 1860, lo que dio lugar a la entidad estatal más duradera de Italia desde la época del Imperio Romano.

El reino de Francia se formó entre los siglos XI y XII, pero, igual que el de Italia, fue durante mucho tiempo un reino *nominal*. El rey existía, sin duda, pero no mandaba. El rey de Inglaterra, en cuanto duque de Normandía, era su vasallo, pero el rey de Francia no podía nada contra él. Con Luis VII y su gran consejero Suger de Saint-Denis, el rey comenzó a ensanchar su radio de acción y consiguió hacerse con el favor de las ciudades cultivando la alianza de los burgueses con la protección (y, por tanto, con la vigilancia) de sus autonomías a través de sus *baillis;* retomó el control del territorio disputándoselo palmo a palmo a los feudatarios levantiscos y a los bandidos que lo infestaban, y con ello aseguró las vías comerciales a las grandes ferias de la Champaña, lo que impulsó tanto la economía local como los propios ingresos reales. Fue un proceso gradual, pero la adopción del territorio para el reino tuvo tanta fuerza que en 1166 permitió intervenir *fuera* del reino mismo y extender la paz del rey para defender a los burgueses de Cluny masacrados por los brabantinos del conde de Chalon. Se adoptó una medida ejemplar: en las cercanías de la abadía (en la *villa* de Saint-Gengoux) se instaló un *preboste* nombrado por el rey que percibía más o menos la mitad de todas las rentas, salvo los derechos de Cluny (moneda, justicia, diezmos). Pero hasta Felipe Augusto (1180-1223) la situación no evolucionaría drásticamente, y la ciudad de París, capital del reino, no se convertirá hasta ese momento en centro político-burocrático.

Los *baillis* franceses son una de las formas que asumió la naciente burocracia en los reinos del siglo XII, pero todos los reinos de los siglos XII y XIII se caracterizaron por el uso cada vez mayor del nuevo instrumento de gobierno, el derecho romano. Típico de las ciudades italianas, el reino normando de Sicilia lo adoptó en una parte de su legislación, el imperio de Federico Barbarroja se apoyó en él para consolidar sus derechos y la Iglesia romana lo convirtió en el marco innovador de su acción normativa (el *derecho canónico* data del siglo XII). En el siglo siguiente, Federico II lo usó a discreción, al mismo tiempo que Henry de Bracton, el jurista de Enrique III, interpretó el derecho consuetudinario inglés a la luz de las soluciones y los instrumentos del derechos romano *(Tractatus de legibus et consuetudinibus Anglie)*. En España, Alfonso X realizó reformas legislativas muy controvertidas, inspiradas en el derecho romano (el *Fuero Real, Las Siete Partidas)*. En Francia, Luis IX extendió por todo su reino una red de alianzas garantizadas por la presencia de los *baillis,* que, a su vez, permitían hacer efectivas las *ordonnances,* disposiciones legislativas *universalmente* válidas que se ocupaban de todo, desde la vida institucional hasta la económica y desde la posición de los judíos hasta el juego y la blasfemia; la sombra del rey se proyectaba sobre todas las cosas, o mejor, todo se ponía a la sombra del rey, como contemporáneamente ocurría en el reino de Federico II y en el de Alfonso X con sus *fueros* (y como quería lograr en Inglaterra Enrique III).

Al este del imperio, entre los siglos XI y XII se consolidaba el reino de Polonia con la dinastía de los Piast, que intentó repetida e inútilmente conseguir el dominio del territorio tratando de asegurarse la tranquilidad al oeste con la relación de vasallaje respecto al imperio. Y también el reino de Hungría, que llegó hasta Dalmacia y Croacia a comienzos del siglo XII gracias a un sistema de relaciones que dependían directamente de los reyes. Pero en 1222 los nobles húngaros obligaron a su rey Andrés II a conceder la Bula de Oro (igual que la nobleza anglonormanda había obligado a Juan sin Tierra a suscribir la *Magna charta).* Una zona estratégica llena de recursos, sobre todo en oro y plata, que fue víctima de la invasión de los mongoles en 1241-1242 y donde en el siglo XIV se impuso la dinastía de Anjou, de modo que Luis I el Grande (1342-1382), hijo de Isabel, hermana del último rey Piast de Polonia, subió al trono polaco en 1370. Debido a sus victorias sobre los tártaros, el reino se extendió hasta el mar Negro, y sus actuaciones contra Venecia le dieron el control de una buena parte del Adriático norte. Ambos reinos se caracterizaron por tener noblezas muy poderosas, orgullosas y más rebeldes que en otras partes frente a una autoridad real que no aceptaban.

Como grandes zonas de frontera, o mejor, de lindes, es decir, *permeables,* Hungría y Polonia entraron de lleno en el gran juego de la política occidental desde el siglo XIV en adelante a través de los Anjou (Andrés de Anjou, duque de Calabria y marido de la reina de Nápoles, Juana I, asesinado en 1345, era hermano de Luis I el Grande). Luego llegaron los turcos y la Edad Media terminó.

Reyes desaparecidos

Para los soberanos que combatían, el hecho de caer o desaparecer en la batalla podía ser normal. Y no solo en la Edad Media. Nueve de agosto del 378, batalla de Adrianópolis: el emperador Valente se hallaba con su ejército para hacer frente a los godos. Una serie de errores estratégicos y tácticos, junto con una combinación no menor de imprevistos, destruyó la infantería y la caballería imperial. Valente se atrincheró en el centro de la infantería pesada, pero cayó durante la matanza general y su cuerpo nunca fue identificado. El 14 de octubre de 1066, el rey Harold cayó en el campo de Hastings combatiendo contra Guillermo el Conquistador, y su cadáver nunca se identificó. El 29 de mayo de 1176, en Legnano, Federico Barbarroja, que participaba en una carga de la caballería pesada contra las infanterías comunales, fue acorralado por detrás por la caballería enemiga, de modo que ya no era localizable por el estandarte imperial porque su abanderado había caído, al igual que su caballo. Así pues, el emperador desapareció; pero no estaba muerto: consiguió llegar a Como, atravesando media Lombardía, y una semana después se presentó en Pavía, donde encontró a la emperatriz vestida de luto. El 26 de febrero de 1266, Manfredo, el hermoso y rubio hijo bastardo de Federico II, cayó en Benevento combatiendo contra Carlos de Anjou; durante la última carga desesperada, su corcel resultó herido en un ojo y lo arrojó a tierra, donde lo degollaron los infantes del enemigo; hasta dos meses más tarde no fue reconocido por varios hombres de su séquito, Riccardo di Caserta y los condes Giordano y Bartolomeo, ya que lo habían despojado de todo (Carlos de Anjou escribió al papa: «Hallaron su cuerpo desnudo entre los cadáveres de los caídos»). Se dice que el vencedor quiso rendirle los honores reales, pero el papa ordenó que no se le diera sepultura. El arzobispo de Cosenza mandó que lo arrojaran a una fosa común y los huesos se dispersaron («Hoy lo baña la lluvia y bate el viento / fuera del reino...»; *Purgatorio* III, 130-131). En 1453, el emperador Constantino XI Paleólogo desapareció luchando contra los turcos y el único detalle que identificó su cadáver fueron las medias de púrpura. Demos un salto de más de un siglo y vayamos a Marruecos: el 4 de agosto de 1578, en Alcazarquivir, el rey de Portugal, Sebastián de Avis, desapareció en la desastrosa batalla que había entablado; estaba tan irreconocible, cubierto de sangre y de polvo, que uno de sus comandantes le había pedido precisamente a él noticias del rey; su nobles no pudieron hacerle de escudo porque, igual que ocurrió con Barbarroja en Legnano, el abanderado estaba muerto. Buscaron su cadáver durante mucho tiempo hasta que lo encontró el camarero real; entonces lo trasladaron desnudo a la tienda del sultán y allí se produjo el reconocimiento por parte de algunos nobles portugueses hechos prisioneros, entre ellos su primo; volvieron a vestirlo, lo expusieron durante dos días fuera de la tienda y lo enterraron ya putrefacto.

El rey desaparece, pero «el cuerpo del enemigo representa siempre un problema» (Grillo, 2021). ¿Quién puede decir que el rey está muerto de verdad? Si son los suyos los que reconocen el cadáver, ¿quién puede excluir que lo hagan para que el enemigo no sepa que continúa vivo? Y tal vez dispuesto a regresar... Federico II había muerto de una enfermedad repentina el 13 de diciembre de 1250; sin embargo, en 1257 un notario de San Gimignano registró la apuesta que había hecho un orfebre con otras seis personas a propósito de que seguía vivo. La leyenda lo sitúa oculto en el interior del Etna, listo para salir de improviso y recuperar el reino (al menos una vez lo vieron cabalgar impetuoso con cinco mil caballeros y precipitarse al mar, de donde se elevó una tormenta de humo, como causada por una furiosa colada de lava). Las leyendas podían consolar... pero con el dinero no se bromeaba. También él, en cierto sentido, está entre los reyes desaparecidos. O a la espera de regresar. O que se preparan para volver.

Judíos

Es difícil hablar de la situación de los judíos en la historia después del horror del *exterminio científico,* la *Vernichtung* o aniquilación nazifascista de la *raza inferior* (Alfred Rosenberg, estonio y súbdito del zar formado en la Rusia de los *Protocolos de los Sabios de Sion* antes de nacionalizarse alemán, Telesio Interlandi, los supremacistas blancos). Tendría que haber sido imborrable, pero...

Los judíos, *identidad religiosa y cultural,* fueron un componente esencial de la Edad Media. Sin ellos se habría detenido el pequeño comercio de los trapos y del vestido y el pequeño crédito; no eran solo prestamistas, sino también tintoreros, médicos o comerciantes que vivían entre los demás. Tan esenciales que los nazis destruyeron y dispersaron las grandes bibliotecas rabínicas y de las sinagogas para intentar comprender, más allá de los esoterismos de Goebbels (Wewelsburg), cómo era posible que estuvieran tan arraigados en la sociedad. Habría bastado con una sencilla consideración histórica, pero ya se sabe que las ideologías y la historia entendida con lucidez no pueden convivir...

Eran tan orgánicos que no deberían asombrarnos las controversias de las *Pascuas de sangre,* porque ellos eran personas de aquella sociedad, cuyos usos compartían, y no tenían otra posibilidad que vivir en ella. Vivían allí desde hacía tanto tiempo que los judíos de Toledo pudieron escribir a Isabel la Católica que su comunidad se hallaba en la ciudad desde cuatrocientos años antes de la crucifixión de Cristo, por lo que era imposible que heredaran la culpa de los judíos de Jerusalén; más aún, habían enviado a los sacerdotes del Templo una carta de protesta cuya copia (naturalmente, apócrifa) le adjuntaron a la reina. Lo hicieron para no pagar la capitación anual de los «treinta dineros» a la catedral de la diócesis, a lo que estaban obligados los judíos españoles en concepto de *vindicta salvatoris* («castigo del Salvador»). Se los toleraba porque representaban un auténtico argumento teológico viviente, el recuerdo perpetuo de la Pasión, pero aun así fue imposible que escaparan de la ideología totalitaria de un Torquemada, del cardenal Cisneros y de la archicatólica Isabel.

Es decir, no habría que asombrarse de que pudieran compartir los comportamientos de su época (entre ellos la *antropofagia ritual,* mucho más radicada y generalmente difundida y duradera de lo que se ha querido reconocer hasta hace no mucho tiempo) si no corriéramos el peligro de que nos ofuscaran las desenfrenadas campañas de odio de varios decenios a caballo entre los siglos XIX y XX: la *Civiltà Cattolica* (1881-1883), don Davide Albertario (*L'Osservatore cattolico:* «asesinos, bebedores de sangre, hienas, vampiros») y Angelo Mauri *(La Scuola cattolica),* aprobados y bendecidos el 6 de marzo de 1892 por el papa León XIII, Rocca d'Adria (Cesare Algranati, convertido del judaísmo) con su novela *Nella tribù di Giuda* (1895) y Ugo Mioni, que fueron los orígenes de una difundida «literatura de consumo» (Capone, 2016). La *defensa de la raza* y la general aquiescencia en Italia a las leyes raciales de 1938 no salieron de la nada.

¿Hasta qué punto era difícil ser judío en la Edad Media? En el sur de Francia, el Viernes Santo se desencadenaba la caza del judío y el primer desgraciado que pasaba pagaba a golpes (muchas veces con un guante de hierro) la muerte de Cristo, y en ese mismo día santo los judíos de Roma tenían que oír las prédicas contra ellos. Sin embargo, el papa Alejandro III los puso «bajo el escudo» de la protección apostólica y prohibió a los cristianos «herirlos, matarlos y robarles su dinero [...] o cambiar las *bonae consuetudines* que hasta ahora han tenido en la región donde ya habitaban. Y sobre todo en la celebración de sus festividades nadie los hostigue con palos o piedras o les exija servicios forzados más allá de los que ya solían prestar en el citado tiempo» (1159-1181, disposición que se incluyó en las *Decretales* de Gregorio IX, V, VI, 9, 5 de septiembre de 1234); y prohibió también las conversiones forzadas: «No es creíble que tenga una verdadera fe cristiana quien es sabido que no acude al bautismo de los cristianos espontáneamente, sino contra su voluntad». La lengua de los judíos era extraña, misteriosa, amenazadora, quién sabe lo que se decían entre ellos y quién sabe lo que podían comunicar a los enemigos de los cristianos, ¿tal vez pedir una matanza de cristianos en Jerusalén? Rodolfo el Calvo: «Enviaron al príncipe de Babilonia [...] un mensaje en letras hebraicas». Dos siglos más tarde, Mateo de París escribe que para sus conspiraciones contra los cristianos se servían del árabe y del caldeo, ambos alfabetos incomprensibles y por tanto hostiles. ¿Era la lengua el aspecto más misterioso de los judíos o, más bien, lo era el hecho de que sus comunidades fueran cerradas y solidarias? Porque, para la mayor parte de los hombres, el latín y en general la escritura eran también fuentes de un misterio muy conveniente... «No apruebo nada que pueda corromper la natural ignorancia [...] Representaría un serio peligro para las clases superiores y con toda probabilidad se producirían hechos violentos en Grosvenor Square», escribía con su sarcasmo y amargura habituales Oscar Wilde en 1895 (*La importancia de llamarse Ernesto*, I,). Hasta los años sesenta del siglo pasado el índice de analfabetismo en Italia no consiguió descender del 10 por ciento...

¿Qué hacía *distintos* a los judíos? La señal distintiva que debían llevar en la ropa (círculos, estrellas, parches y cintas de todo tipo de formas y colores: amarillo, rojo, amarillo y rojo, naranja) o capas y capuchas. Fue necesario reiterar la imposición, porque, como había lamentado el canon 68 del cuarto Concilio de Letrán (1215), debían evitarse «los excesos de la condenada mezcolanza» entre cristianos, musulmanes y judíos. Se temía que los cristianos abjuraran de su religión y se hicieran judíos (Rodolfo el Calvo, pero también Andrés, arzobispo de Canossa y Bari, durante un viaje a Constantinopla en 1066). Alejandro III ordenó al obispo de Marsella que no permitiera que los criados cristianos de los judíos vivieran con estos «para evitar que por la estrecha frecuentación de ellos alguno se convierta a la perfidia judía» (1159-1179). Pero el hábito no identificaba necesariamente la etnia, y mucho menos la pertenencia a una fe; a finales del siglo XII un viajero árabe de Valencia contaba que «las mujeres cristianas [de Palermo] parecen musulmanas por su aspecto [...] adornadas con toda clase de ornamentos musulmanes, con joyas, tintes y perfumes». En algunas ciudades italianas la imposición de pendientes de aro a las judías llegó a convertirse en una moda para el resto de las mujeres. En cuanto a la lengua, no está demostrado que a diario los judíos hablaran más la de las celebraciones litúrgicas que la local. En el siglo XII, Benjamín de Tudela registró comunidades judías difundidas por toda la ciudad; los judíos participaban en los acontecimientos de la sociedad, hasta perfeccionaron el ritual de la eliminación de Cola di Rienzo (1354) con la incineración de su cadáver. Practicaban una religión con rituales y ritmos distintos, pero esa circunstancia no impedía que los gentiles se mezclaran con ellos, como no impedía que los judíos se mezclaran con quien no lo era; la endogamia, como en todas las comunidades pequeñas, se practicaba para garantizar la firmeza de los lazos y la solidaridad, porque era funcional para la supervivencia. A mediados del siglo XV, algunos judíos alemanes se quedaron impresionados por la falta de distinción que reinaba en Italia entre judíos y cristianos, en lo que encontraban *un peligro para la identidad judía.*

Ignoramos por completo cómo se veía a los judíos en su contexto. Las voces que tenemos son solo las de aquellos que podían hacerse oír y nos informan del antijudaísmo como del odio a los «sarracenos». Pero ni siquiera el antijudaísmo fue siempre igual durante los mil años de Edad Media; puede que ni siquiera sepamos cómo fue. Sería difícil afirmar que la normalidad de su existencia fueran los pogromos antijudíos o antisarracenos, aunque los hubo en Renania durante la Primera Cruzada, probablemente con intención antiimperial (para atacar a un grupo que gozaba de una interesada pero sólida protección imperial), y en Palermo hubo otro en 1161 contra los musulmanes, que, como los judíos en Alemania, recibían la directa aunque ambigua protección real. A fin de cuentas, ni siquiera las matanzas que tuvieron lugar durante la cruzada contra los albigenses, auténticos pogromos contra los herejes, eran la normalidad cotidiana de estos últimos... La normalidad de los judíos era más bien la servidumbre cotidiana. En 1205, Inocencio III sancionó por primera vez su *perpetua servitudo* por sus culpas contra Cristo; eran hombres a disposición del rey en España («para su servicio», *Libro de los fueros de Castilla,* mediados del siglo XIII) y en Inglaterra (Eduardo I, 1275: «le Rey les prent en sa protection et lor doune sa pes»). Así pues, como todos los servidores de los reyes, quedaban expuestos a las injurias de los enemigos de estos últimos.

Fueron víctimas de repetidas y provisionales expulsiones: Francia, en 1182, aunque más tarde Luis IX introdujo el *círculo* distintivo, mandó quemar el Talmud (1240, 1244) y decretó la servidumbre de los judíos, y de nuevo en 1306 y 1322. En 1290 sucedió otro tanto en Inglaterra. En 1275, Gregorio X exhortó a Jaime de Aragón a encerrarlos en barrios *especializados,* pero en 1340 Benedicto XII tuvo que repetir la orden, extensiva esa vez a los musulmanes. Con todo, debemos recordar que el hecho de *especializar* las zonas de la ciudad era bastante común: en Venecia, los *fondaci* de los turcos y de los alemanes; en Londres, el barrio de los comerciantes y los usureros italianos *(Lombert-streete,* Lombard Street)... La palabra «gueto» apareció en Venecia en 1516, cuando la Serenísima era el puerto de llegada (o de tránsito hacia Estambul) de muchos oriundos de la purísima España, escenario de la más radical operación de expulsión de los judíos (1492) y de los musulmanes (1502) en nombre de la *limpieza* de la sangre y de la fe. Pero Alejandro VI (1492-1503) se benefició de los banqueros judíos expulsados de España, provocó las protestas de los embajadores de los Reyes Católicos y puso nerviosos a los judíos romanos, preocupados por la llegada de nuevos competidores. Según una crónica contemporánea, *Shevet Yehuda (La vara de Judá),* el papa estaba asombrado: «Esta es verdaderamente una novedad para mí. Hasta ahora sabía que es característico de los judíos solidarizarse entre sí, en cambio estos se comportan sin compasión». Los banqueros judíos habían recibido siempre la protección de numerosos reyes y señores que buscaban préstamos y eran capaces de apreciar su cultura y sus capacidades, pero también prestaban un servicio a toda la comunidad. En 1409, los habitantes de

Bríndisi pidieron permiso al rey para que los judíos les concedieran préstamos, porque sus tasas de interés eran inferiores a las exorbitantes de florentinos y venecianos; las prendas que aceptaban en garantía podían ser también muy modestas, siempre que tuvieran algún valor comercial: ropa de segunda, tercera o cuarta mano, objetos de uso común que eran la *normalidad* de la vida. Los primeros Montes de Piedad, que concedían préstamos pignoraticios, nacieron de la predicación de los frailes, que muchas veces tenía un acento exaltado y terrible, ya que el dinero y los bienes debían quedar entre los cristianos, no podían beneficiar a los enemigos de los cristianos y de Cristo. Este había sido, tres siglos antes, uno de los argumentos de Pedro el Venerable.

La historia de los judíos de la Edad Media podría parecer característica de toda aquella época: una edad de culturas que coexisten y tal vez, aunque no necesariamente, se contaminan. La inscripción funeraria cuadrilingüe de Palermo (1148) –árabe, hebreo, latín y griego– habla de una comunidad perfectamente integrada y consciente de su identidad, aunque el texto en hebreo es la transliteración del texto árabe. A su pesar, tuvo que reconocerlo incluso Pedro el Venerable, que encargó una traducción del Talmud y que en 1144 anunciaba triunfalmente a Bernardo de Claraval su obra *Contra la inveterada idiocia y testarudez de los judíos*: «Así Mahoma, educado por excelentes doctores judíos y herejes, escribió su *Alkorán,* y juntó a su modo bárbaro la nefanda escritura tanto de las fábulas judías como de las estupideces de los herejes». *Fábulas, estupideces,* distintas pero complementarias. Judíos, musulmanes y herejes, «los tres grandes enemigos de la santa cristiandad» (Pedro de Poitiers).

Geografías

Los mapas son fundamentales para comprender los acontecimientos históricos, y muchas veces también sus porqués. Hemos visto el caso de Extremadura, pero pensemos también en la región de las Ardenas, punto de paso desde siempre. Pero bajo los mapas hay geografías sepultadas que debemos recuperar si aspiramos a comprender algo; son como los restos arqueológicos que se ven en algunas estaciones del metro de Atenas y que se verán en Roma. O debajo de la pirámide del Louvre.

Geografía cluniacense: La zona originaria y principal de interés e intervención de la abadía se sitúa al sur de lo que nosotros entendemos como Francia a partir de la paz de Westfalia (1648) y de los Pirineos (1659). Desde los primeros veinte años del siglo XI, el área tolosana y transpirenaica tuvo una centralidad absoluta en los intereses de Cluny; será el principal *espacio cluniacense.* A partir de 1028 (San Juan de la Peña) y, poco a poco, hasta 1080 (Sahagún), los cluniacenses se establecieron desde Gascuña hasta León. Todas donaciones reales, todas abadías reducidas al rango de prioratos, la península ibérica se convirtió en una auténtica *provincia cluniacense,* en la que ni siquiera un papa peleador como Gregorio VII consiguió entrometerse. De allí (alta Cataluña, o Rosellón, o Aragón, o Gascuña o Languedoc... pues resulta difícil asignar un nombre a esa zona orgánica e interconectada en el siglo XI, como demuestran las propias intervenciones papales) procedía el sucesor de Hugo, Pons de Melguelh, lo que subraya el interés por la península ibérica; en su época (1109-1122), Cluny ensanchó su espacio, llegó más allá de León, saltó la cordillera cantábrica, arribó al Atlántico y sus casas acabaron salpicando todo el *camino de Santiago,* desde Navarra hasta el océano. Cluny desempeñó un papel de actor estable en aquel complicadísimo marco político, hasta el punto de que entre Galicia y Castilla pudieron actuar como agentes plenipotenciarios dos monjes (los hermanos Gereth) y el prior de San Zoilo de Carrión de los Condes, que convirtió el monasterio en la puerta, por así decirlo, de Cluny, donde Gelmírez, obispo de Santiago de Compostela, depositaba las imponentes sumas destinadas a promover sus ambiciones arzobispales en Roma, y donde Mauricio, arzobispo de Braga y futuro papa Gregorio VIII, depositó la preciosa *tabla de San Basilio,* que desde allí tomó el camino de Cluny, y un regalo aún más precioso, la cabeza de Santiago... que luego Urraca mandó trasladar a San Isidoro de León, una fundación suya, y que, a su vez, envió como regalo a Gelmírez. Y Santiago fue el escenario de la reconciliación de Gelmírez y la reina Urraca precisamente delante de Esteban Gereth, *magne scientie et auctoritatis iuris* (en resumen, hombre experto en derecho).

Una presencia a los más altos niveles y duración: Los cluniacenses continuarán dominando hasta el siglo XIII la zona comprendida entre Brión, Trasancos, El Ferrol y La Coruña, pese a la agresiva penetración cisterciense, y sin interrumpir jamás su relación con las principales familias nobles; Santa María de Villafranca aparece todavía registrada en una lista escrita en Cluny quizá en torno a 1377, aunque fue añadida por otra mano y no se sabía cuántos monjes tenía o había tenido. En suma, España fue la geografía específica y no tanto *latente* de Cluny, cuya penetración en el reino de Italia (segunda mitad del siglo X-segunda mitad del siglo XI) fue marginal, si bien consiguió una posición estratégica (San Salvatore de Pavía) y se atribuyeron a Cluny una decena de monasterios alrededor de los Prealpes, en zonas ricas de yacimientos ferrosos. En el reino de Francia prefirieron a los fructuarienses, aunque en 1079 se fundó en París Saint-Martin-des-Champs.

Pero durante el abadiato de Hugo (1049-1109) se abrió otro *espacio cluniacense* al noroeste, a raíz de la conquista de Inglaterra por los normandos. En 1077 se fundó una institución, St Pancras en Lewes (ahora en East Sussex), sobre un espacio monástico anterior y con una titularidad muy simbólica, ya que se refería a la primera fundación de Agustín a su llegada a Canterbury en el 597. Comunicada por el río Ouse con la cercana costa y levantada en las grandes vías que llevaban a Londres, St Pancras se convirtió enseguida en una de las casas más poderosas del mundo cluniacense y ya a partir de los años ochenta fue una de las *quinque filiae* de Cluny, junto con Sauxillanges, en Auvernia, que se remontaba a la época de Odón pero que se incluyó orgánicamente en el cuerpo cluniacense con Aimar; Souvigny, en Auvernia del norte, donde descansaba desde el 994 Mayolo y donde había muerto Odilón; la Charité-sur-Loire, en Borgoña, fundada por el obispo de Auxerre en 1052-1056 y donada enseguida a Cluny, y Saint-Martin-des-Champs. Las *cinco hijas* fueron el vértice de pequeños imperios que dibujaron otras tantas *geografías subyacentes,* centros de agregación y coordinación de las grandes noblezas; por ejemplo, en Inglaterra, donde la red de monasterios dependientes de La Charité llegó casi hasta las fronteras con Escocia en una veintena de años (Munch Wenlock, Bermondsey, Pontefract), en Galicia, en la diócesis de Braga (São Pedro de Rates, 1100) y en Coímbra en 1102. Eran *imperios menores,* necesariamente bastante autónomos de Cluny.

El asentamiento cluniacense en Inglaterra empezó sobre todo en zonas fronterizas, donde el control real era más difícil: fue un «monacato de frontera», hijo de «aristócratas de frontera» (Barison, 2020-2021). A partir del reino de Guillermo Rufo, los monjes de observancia cluniacense habitaron lugares menos periféricos, mejor comunicados y cercanos a importantes arterias viarias (por ejemplo, en el límite con Gales y en Northampton, que era un importante nudo viario entre Coventry, Cambridge, Leicester y Londres), y así fue hasta el primer cuarto del siglo XIII (1222, Slevesholm), pero nunca en grandes centros como Winchester, Oxford o York, a lo sumo, en sus alrededores inmediatos. Así pues, una gran densidad de monasterios en East Anglia, una discreta expansión en la zona central del reino desde East Anglia hasta el límite con Gales, en Cornualles y en el sur, y una presencia limitada en Gales, el norte y Escocia. En resumen, en cierto sentido, una geografía de periferias y de control de los espacios intermedios. Y en la segunda mitad del siglo XII y comienzos del XIII, el *cuadrante anglonormando* se extendió a lo largo del canal de la Mancha.

La isla, llamada primero Albión y luego Bretaña, adoptó en el siglo XII un nuevo nombre: Inglaterra. Fue obra de los grandes *literatos* del reino, sobre todo de Wace, que en 1155 escribió en lengua anglonormanda el *Roman de Brut* (Bruto, el mítico exiliado troyano fundador del reino de Bretaña y padre de una complicadísima narración). Fue un gran éxito, encontró confirmación en los escritos de Mateo de

París (siglo XIII) y ha llegado hasta nosotros en el uso común.

En los autores anglonormandos del siglo XII, Gales, Inglaterra y Bretaña forman parte de un proceso de construcción identitaria. Las Marcas Galesas, una tierra de confín sin límites concretos, ni «Pura Wallia» (los territorios dominados por los príncipes galeses) ni tampoco Inglaterra, se concibieron como una frontera; el confín entre el reino inglés y los países de Gales estaba señalado por los ríos Severn y Wye, así como por la muralla de Offa. A los nobles normandos establecidos a lo largo de aquella frontera se les garantizó una mayor autonomía respecto al rey y la posibilidad de practicar una política expansionista a costa de los galeses; era una zona de amortiguación que dejaba el campo libre a los señores normandos presentes en ella, los «marqueses». El término «marca» siguió siendo un concepto «maleable» (De Falco, 2020) hasta finales del siglo XIII, aunque después de tres campañas no concluyentes Enrique II había negociado una tregua con los príncipes galeses y redimensionado la autonomía de los marqueses, de modo que la frontera galesa se había convertido en un límite pacificado dentro de los dominios de los Plantagenet. Pero surgió una geografía del *imaginario*.

Walter Map pobló las Marcas Galesas de *mirabilia* y de fuerzas incontrolables. Aspiraba a la silla episcopal de Hereford «en Wallia», se hacía llamar «marqués» y decía que así lo consideraban los propios galeses; la sede episcopal de frontera no podía prescindir de los marqueses como él, capaces de dominar esas fuerzas... Gales entró en un complicado juego de espejos con sus personajes legendarios, como los caballeros Perceval y Owein, la geografía de la

Bretaña y las costumbres galesas; un *imaginario bretón* cuyo origen estaba en Godofredo de Monmouth, aunque era expresión de la cultura cortés de Francia, Flandes y Champaña y había sido creado por escritores continentales: la *materia de Bretaña*. Cuando Chrétien de Troyes creó la base de las posteriores narraciones referentes al rey Arturo y a sus caballeros, el ciclo del Grial cruzó el canal de la Mancha y la materia de Bretaña se impuso.

Para Map, los galeses son bárbaros y salvajes, y las apariciones fantásticas y sobrenaturales convierten las Marcas Galesas en una zona «híbrida», una tierra fronteriza en la que se mezclan gentes distintas, donde se origina una nueva identidad múltiple y compleja y se hace posible el paso de un mundo a otro (como en el caso de Herla, el rey de los no muertos) y la unión entre mundos diversos como el de los hombres y las hadas. Casi al mismo tiempo, por obra de Giraldo Cambrense, ocurrió otro tanto con Irlanda: un mundo distinto lleno de monstruosidades y de *mirabilia,* un pueblo bárbaro, subdesarrollado y subalterno que era necesario civilizar con las campañas militares del reino inglés... Geografía política, orografía, geografía imaginaria, una compleja arqueología geográfica, una geografía arqueológica. Irlanda... todavía existe el peligro de que sea una *geografía latente.*

«[Bayona] es la capital de los Países Vascos de los que proceden los irlandeses», sigue diciendo Giraldo Cambrense. Estamos en Wasconia. La famosa *Guía* del peregrino a Santiago (el *Liber Calixtinus*) habla muy mal de sus habitantes: «Se dice comúnmente que descienden de los escoceses, ya que son parecidos a ellos en las costumbres y los rasgos físicos», porque Julio César había enviado a los escoceses a imponer el tributo «desde Barcelona a Zaragoza y desde Bayona a los Montes de Oca», pero, derrotados por los castellanos, se refugiaron en los «montes marinos situados entre Nájera, Pamplona y Bayona, es decir, hacia el mar, en la región de Vizcaya y de Álava», y allí se establecieron con «su lengua [...] verdaderamente bárbara [...] Es un pueblo bárbaro, distinto a los demás por naturaleza y costumbres, lleno de todas las maldades posibles».

Continuamos en España. Al-Idrisi, el famoso geógrafo de Roger II, que escribió entre 1154 y 1166 y que estaba en la península ibérica al menos desde 1115, dio una representación geográfica detallada. Subiendo de sur a norte, está dividida en dos por las montañas: «La banda de allá del monte Alsharrât por la parte del mediodía es llamada Esbania (Castilla-La Mancha) [...] y la que está acá del monte, al norte, se llama Castêlla (Castilla y León)». Luego hay otra parte en la que están «Veled Galicia, algo de Castêlla, algo de Veled Gascunia, de tierra de Franch (francos) y asimismo de Veled Bortecal (Portugal)»; en Gascuña se encuentran Carcasona y Burdeos, y con esta confina el «Veled Beitu» (Poitiers, Béziers, La Rochelle y Angers) y el «Veled Cawaros» (Cahors, Angulema y Soulac). «Toda esta región que hemos mencionado es tierra de Gascunia, confinante con Gebal Alburtât». Entre estas ciudades están Gerona, Cominges, Toulouse, Carcasona, Auch, Morlaas, San Juan de Pie de Puerto y Burdeos[2]. Vemos, pues, que Gerona estaba en Gascuña y que Gascuña *no tenía solución de continuidad con España.*

Se trata de tierra fronteriza, lugar de paso, donde las diversidades se encuentran y forman un espacio mudable, *el*

---

2. Al-Idrisi, *Descripción de España,* Fundación Aquae, 2015. *(N. de la T.).*

espacio vivido. El mapa de al-Idrisi se puede superponer parcialmente al del *Liber Calixtinus,* pero también a los testimonios de las fuentes judías. En ladino, los judíos hablan de *Espamia,* y Benjamín de Tudela identifica tranquilamente Navarra con Castilla.

También el *radio de acción* de papas y eclesiásticos muestra una zona que se abre genéricamente al sur de Lyon y que no parece que tenga una frontera sur; en 1077-1079, con Gregorio VII, encontramos representada *en acción* una *macrozona* que va desde Cataluña y Aragón hasta Aquitania y que incluye Occitania, la cluniacense Gascuña tolosana, Languedoc y parte de la Provenza. Es como una espiral que se cierra a partir de los Pirineos (en la que Aragón es la zona de conexión con el oeste atlántico, pero aún en vías de conquista y, por tanto, de definición siempre provisional) y que va mucho más allá de nuestra percepción inmediata, condicionada por los estados nacionales. Y volvemos a encontrar la *geografía cluniacense.* En resumen... es la *geografía enterrada* del espacio original de España. Igual que *enterrada* estaba en sentido estricto la ciudad sin nombre (siglos I-XIII) descubierta en 2018 por los arqueólogos en Aragón, al pie de los Pirineos, en la *ruta Tolosana* del *camino* de Santiago, cuyos habitantes tenían nombres vascoaquitanos. Para nosotros, un espacio *del imaginario.*

Un espacio del imaginario es también Francia. Según Map, Luis VII conseguía imponer su autoridad solo en un círculo de tres millas en torno a París. No era cierto, y lo sabemos, pero Map pone en boca del rey Luis VII, a quien asegura haber frecuentado mucho en calidad de amigo: «Nosotros en Francia no tenemos más que pan, vino y alegría». Es el comienzo de la Francia patria de la cortesía, de la *joie de vivre,* de la buena cocina y del buen vino; un siglo más tarde Pierre Dubois (muerto en 1312), célebre jurista de Felipe IV el Hermoso, adulará a su soberano declarando que los reinos podrían ponerse de acuerdo entre sí a condición de que sus reyes «se formaran en Francia y especialmente en París, con las [buenas] costumbres [...] y la belleza». El *imaginario* de la *gran* Francia hunde sus raíces en la geografía *enterrada* de la *pequeña* Francia. La lengua de oïl, el francés, era ya en la época de Map una lengua internacional de corte, en Inglaterra, en Sicilia, en Francia. Y lo sería cada vez más.

8. El ultramar

Tierra Santa

Adorabimus in loco, ubi steterunt pedes eius («Adoraremos en el lugar en que sus pies estuvieron»): este versículo del Salmo 131, 7, es como el *leitmotiv,* el lema, incluso el eslogan de las fuentes de la Primera Cruzada. Tierra Santa, al otro lado del mar. Muy pocos la han visto con sus propios ojos. Es la tierra deseada, soñada, la tierra en la que empezó todo. Donde comenzó la salvación de los hombres. Donde empezó la última edad del mundo, la séptima.

En torno a 1128 (la fecha no es segura), san Bernardo escribió un famoso tratado sobre la nueva orden de caballería de los templarios, trece capítulos, ocho de ellos dedicados a Tierra Santa. No una representación geográfica, sino un recorrido espiritual, empático. Ante todo, Jerusalén:

Salve, ciudad santa [...] Salve, ciudad del gran Rey [...] Salve, señora de las gentes, príncipe de las provincias, bien de los patriarcas, madre de los profetas y los apóstoles, iniciadora de la fe, gloria del pueblo cristiano [...] Salve, tierra de la promesa, que en otros tiempos rezumabas leche y miel solo para tus habitantes, ofrece ahora al mundo entero la medicina de la salvación, los alimentos de la vida. Tú, tierra buena y excelente.

Y luego, Belén: «Tiene ante todo el nutrimento de las almas santas, Belén, la casa del pan, en la que se mostró por primera vez el pan vivo que había bajado del cielo y que parió la Virgen». Y Nazaret: «Se distingue también Nazaret, que significa 'flor', en la que el niño Dios que nació en Belén, como fruto que crece de la flor, fue alimentado de modo que el olor de la flor precediera al sabor del fruto». «Recorramos con pocas palabras también los demás lugares santos [...] al menos algunos»; el Monte de los Olivos y el Valle de Josafat: «Se sube al Monte de los Olivos, se desciende al Valle de Josafat, para que así pienses en las riquezas de la misericordia divina [...]. David [...] muestra claramente el Monte de los Olivos [...] También Dios recuerda en el mismo salmo el valle del Juicio: "No venga sobre mí el pie de la soberbia, y la mano del pecador no me conmueva"». El Jordán: «¡Con qué alegre seno acoge a los cristianos el Jordán, que se gloría de haber sido consagrado por el bautismo de Cristo! [...] ¡El Padre fue oído, el Espíritu Santo fue visto, el Hijo además fue bautizado!». El Calvario: «Se sale también al lugar del Calvario [...] Subió a la Cruz despojado, expuesto al mundo por el mundo, y con el rostro descubierto y la frente expuesta, purgando los pecados, no se avergonzó de la ignominia de una muerte dura e infame, ni lo aterró la pena, para apartarnos del oprobio sempiterno y devolvernos la gloria». El Santo Sepulcro: «Entre los otros lugares santos y deseables, el Sepulcro ocupa en cierto sentido el primer puesto [...] donde muerto reposó, donde vivo regresó». Betfagé: «¿Qué podría decir de Betfagé, barrio de sacerdotes [...] donde se contiene el sacramento de la confesión y el misterio del ministerio sacerdotal?». Betania: «De ningún modo puedo dejar de mencionar la casa de la obediencia, Betania, el castillo de Marta y María, donde resucitó Lázaro, donde se representa la imagen de las dos vidas [la espiritual y la de la caridad activa], y la admirable clemencia de Dios con los pecadores, así como la virtud de la obediencia junto a los frutos de la penitencia».

El itinerario de san Bernardo concluye aquí. El original es mucho más rico y ornado, pero no solo se trata de una exhibición de conocimiento de las Escrituras, sino de una adhesión personal a ellas. Es la manifestación de la profunda participación espiritual y emotiva, en cierto sentido una especie de investigación de los arquetipos del ser cristiano, que va a su raíz misma.

Pero Tierra Santa es una realidad ocupada militarmente y la concreción impone, como siempre, sus leyes. Los cruzados deben intervenir enseguida por su propia supervivencia. Abarca mucho más que Palestina, es un territorio amplio y mal definido, escenario de encuentros y desencuentros, de batallas y de cruces entre civilizaciones y modos de ser que nunca habían estado en contacto, la cultura tecnológica y médica, las distintas *cortesías* que se reflejan unas en otras, la inevitabilidad de la convivencia: en 1120 el Concilio de Nablus estableció un cuerpo normativo en el que cinco de cada veinticinco leyes, es decir, el 20 por ciento, se refería a las relaciones entre cristianos y musulmanes.

Y además de santa, era estratégica, un trampolín para el comercio, y la zona más cercana a las rutas de las caravanas que llegan hasta Damasco y Bagdad y se introducen en el inmenso y fabuloso Oriente. Y el corredor para Egipto. Se convierte en *Outremer,* la proyección del Occidente cristiano, su orilla oriental, al otro lado del mar. El *espejo ideal* del Occidente cristiano.

Peregrinaciones

Véase *El centro de la cristianidad,* p. 26.

Cruzadas

En 1095, Urbano II emprendió un viaje que lo condujo a tocar los lugares cluniacenses con el objetivo de juntar recursos para su causa. La querella de las investiduras atravesaba un momento duro y en Roma mandaba el antipapa (o *papa alternativo)* Clemente III. Durante su viaje pasó también por Clermont, donde predicó la expedición a Jerusalén, la que nosotros llamamos Primera Cruzada.

La palabra «cruzada» apareció y se difundió *después* de que las cruzadas auténticas terminaran. Todavía en el siglo XVI esta palabra, acuñada a partir del español, indicaba solo la colecta de dinero para los papas y los reyes. Hasta el XVIII, siglo inglés y mercantilista, no se aplicó a la «guerra santa» de la Edad Media. En el Medievo nadie se puso en marcha para ir a una «cruzada», aunque la palabra aparecía esporádicamente *(crozada, crozeia, crozea,* no se sabe si es un término navarro u occitano) a propósito de la guerra contra los albigenses. Se iba a la peregrinación, a la expedición, al paso a Tierra Santa. A combatir a los enemigos de la fe y del papa en los confines de la cristiandad, en Prusia o en Livonia. Y en las propias tierras de la cristiandad: en Languedoc, los temibles cátaros de Albi (los albigenses); en los Alpes, los dulcinianos (1307) y los valdenses (finales del siglo XV); en Italia, las tropas y los aliados de Federico II (Ezzelino da Romano), luego los Visconti y Ludovico IV. Contra los papas cismáticos, a favor de los papas cismáticos... Durante muchos decenios ni siquiera se fue a la «guerra santa». Se adoptaba la marca de la cruz y se iba a la guerra, y punto. O a la peregrinación armada, es decir, organizada en columnas capaces de defenderse, lo que no era distinto.

Ante todo, ¿qué fue la Primera Cruzada? No tenemos solo una versión del discurso con que Urbano II la convocó en Clermont. Según Guillermo de Malmesbury (años veinte del siglo XII), el papa denunció en su exhortación la amenaza de los turcos y los sarracenos que vivían en Asia («la tercera parte del mundo, su nido hereditario») y que habían tomado África por las armas («la otra parte del mundo, desde hace más de doscientos años»). «Queda el tercer clima del mundo, Europa [...] Turcos y sarracenos presionan contra esta pequeña porción de nuestro mundo; sojuzgada España y las islas Baleares ya desde hace trescientos años, devoran con la esperanza lo que queda». Así pues, según el cronista, se trató de una empresa defensiva, aunque también estuviera dirigida a socorrer a los cristianos de

Oriente. En 1071, los turcos selyúcidas habían derrotado al *basileo* Romano IV Diógenes en Manzikert y de allí habían caído sobre Anatolia y el corredor geográfico que conduce a Egipto. A finales de 1074, Gregorio VII hablaba de cincuenta mil hombres dispuestos a liberar Jerusalén bajo su propia guía y la de Enrique IV. Pero en 1095-1096, la expedición se organizó de verdad. Participaron exponentes de la alta nobleza provenzal, flamenca, francesa, anglonormanda e italonormanda, Raimundo IV de Saint-Gilles, Roberto II de Flandes, Hugo de Vermandois en representación de su hermano el rey Felipe I de Francia, excomulgado por su conducta matrimonial, Roberto Curthose, Bohemundo de Altavilla, primogénito de aquel Guiscardo que se había visto excluido de la sucesión; de Lorena, firmemente en manos imperiales, procedía Godofredo de Bouillon, duque de la Baja Lotaringia (dotado de todos los bienes que teóricamente pertenecían a Matilde de Canossa, viuda de Godofredo el Jorobado), leal a Enrique IV, que no habría podido participar, aunque lo hubiera querido, por estar excomulgado... En resumen, no todos estuvieron presentes, quien lo estuvo fue en su propio nombre o en representación de otro, pero todos trataron de estar. Exuberancia militar, entusiasmo religioso, motivaciones religiosas y una firme convicción corroborada por la máxima autoridad religiosa, necesidades políticas, afán de botín y de conquista.

Guerra legítima, puesto que iban a reconquistar lo que habían perdido, en palabras de Urbano II. «La Iglesia que a través de vosotros ha liberado el Señor, así como la que todavía liberará», como escribió en 1100 Pascual II a los conquistadores de Jerusalén, confirmando así la centralidad de la Iglesia de Roma. La caída de la ciudad santa (15 de julio de 1099) y la matanza que siguió (enfatizada por razones opuestas, tanto por las fuerzas cristianas como por las musulmanas) clausuraron una empresa que en medio de muchas dificultades, atravesando parte de Anatolia, se había abierto camino a las zonas costeras de Siria (hoy: Turquía, Líbano e Israel), ocupando localidades estratégicas para las vías de comunicación (Edessa, hoy Urfa; Antioquía, hoy Antakya) con el objetivo de asegurar un área interior de comunicación y avituallamiento para una Jerusalén de otro modo indefendible, demasiado aislada de los lugares de procedencia de los conquistadores y, viceversa, demasiado expuesta a las ofensivas procedentes del desierto. Su importancia es difícilmente sobrevalorable debido al efecto multiplicador que supuso aquel choque cercano entre Oriente y Occidente. Los caballeros se trajeron de Tierra Santa varias costumbres tomadas de los musulmanes (como rezar en dirección a oriente o, algo más banal, la regla higiénica de la depilación del pubis); los ingenieros militares, nuevas y más complicadas técnicas de fortificación (de entonces data el comienzo de las grandes construcciones militares en piedra) y también los nuevos y estratégicos métodos de combate; se abrieron las costas a las naves de las potencias ciudadanas (sobre todo italianas) que eran dueñas de las flotas (Génova y Pisa, aunque también ciudades de la Campania y de Cataluña) y que establecieron nuevas terminales para las rutas de las caravanas, lo que desplazó el virtual monopolio del que habían disfrutado hasta ese momento los venecianos debido a la consolidada relación de Venecia con Constantinopla. La propia forma institucional del reino de Jerusalén, con sus grandes *assizes,* fue una especie de experimento que se replicó más tarde en el reino de Sicilia y en el de Inglaterra durante la época de Enrique II, y que hacia mediados del siglo XIII encontró una institucionalización en el Parlamento.

Por su parte, los musulmanes tuvieron la posibilidad de observar de cerca a los *francos* (el nombre atribuido a los cruzados) y de informarse de sus costumbres. Precisamente a varias obras escritas por los nativos debemos nosotros una mayor información de la cotidianeidad de la caballería y de los europeos; pudieron constatar que, exactamente igual que ellos, los cristianos no formaban una entidad abstracta y compacta, sino que estaban divididos por alianzas y enemistades, sujetos a traiciones y obligados a firmar acuerdos, y que, igual que para ellos la reconquista del dar al-Islam, sacrílegamente contaminado por los infieles, la Tierra Santa era para los cristianos una excepcional caja de resonancia para la fama y la gloria política no solo de los príncipes, sino también de los hombres normales, que regresaban limpios de pecado por el hecho de haber cumplido con aquella empresa. Aunque es posible que una vez limpios siguieran siendo tan violentos como antes. Según se decía en Chartres y sus alrededores, Ramboldo, el primer caballero que puso un pie en Jerusalén en 1099, se enfadó a su regreso con un monje que había castigado a sus criados por haber robado heno y lo mandó castrar; y, según Guibert de Nogent, no faltaron los convencidos de que podían cometer toda clase de delitos «solo porque habían visto Jerusalén y el Sepulcro».

Palestina, denominada con sus nombres de guerra (Tierra Santa, dar al-Islam), se había convertido en un espejo para todos. Allí se consumaron incluso algunos escándalos, como el fracaso del matrimonio de Leonor de Aquitania y Luis VII de Francia (Segunda Cruzada). En suma, Tierra Santa no fue solo una especie de extroflexión de Europa, sino también un laboratorio suyo. Todo esto hasta 1187, cuando el kurdo Saladino (perfecto caballero, según la literatura occidental) reconquistó Jerusalén y la aseguró ya definitivamente para el mundo oriental. Si Enrique IV no había ido a la Primera Cruzada, Federico Barbarroja se encargó de remediar esa falta (Tercera Cruzada) y lavó la deshonra con su propia vida; fue la misma en la que participó Ricardo Corazón de León, en la que hubo mucha sangre y muy pocos resultados. La Cuarta Cruzada cayó sobre Constantinopla y no se trataba de musulmanes, sino de cristianos, pero eran cristianos cismáticos, es decir, herejes, es decir, en cualquier caso enemigos de la verdadera fe. No podía bastar. El sucesor del papa Inocencio III, Honorio III, predicó la Quinta Cruzada, que duró de 1217 a 1221, con la participación de muchas ciudades italianas y de varios reyes y príncipes, pero estuvo tan carente de cohesión que se disolvió sin ningún resultado. Quedaban plazas fuertes en las costas, pero fueron perdiéndose poco a poco. La Séptima y la Octava, las dos últimas cruzadas, dirigidas por Luis IX de Francia, quisieron alcanzar Tierra Santa partiendo del norte de África, gobernada después de la muerte de Saladino por una confederación de príncipes de la dinastía Ayyubí, primero Egipto (1248-1250), donde cayó prisionero el rey, y luego Túnez (1270), donde murió Luis IX. En 1289 los mamelucos conquistaron Trípoli de Siria y el 28 de mayo de 1291 cayó Acre en un baño de sangre; en pocas semanas se rindieron sin luchar Tiro, Sidón, Beirut, Haifa y Tortosa (hoy Tartus); Ruad, un islote situado enfrente de Tartus, comandado por el mariscal templario Bartolomé de Quincy, fue atacado en septiembre de 1302 y opuso una enérgica resistencia. Allí murió Bartolomé, ciento veinte caballeros fueron hechos prisioneros y trasladados a El Cairo y se pasó por las armas a quinientos arqueros y cuatrocientos soldados.

Las cruzadas de Tierra Santa habían terminado. En 1300, hubo un gran jubileo convocado por Bonifacio VIII. «Tierra Santa no era ya Jerusalén, se había trasladado a Roma, gracias a la secular migración de reliquias y cuerpos de santos que las cruzadas habían aportado, sobre todo a partir de la conquista de Constantinopla en 1204. Quedaba una larga historia de proyectos y discusiones a propósito de una cruzada –o *passagium generale* [...]– que nunca llegaría a concretarse» (Russo, 2018).

¿Y la Sexta Cruzada, la de Federico II en 1228-1229? No se resolvió por vía militar, sino por negociaciones y acuerdos («sin derramamiento de sangre», Rogelio de Wendover), y estuvo dirigida por un soberano excomulgado (porque en 1227 no había podido cumplir con su voto de cruzado) y nunca absuelto por Gregorio IX, el papa hostil y batallador, que se escandalizó precisamente por el logro del objetivo (la recuperación de Jerusalén, Nazaret y Belén) sin el empleo de las armas: «La paz con los sarracenos sin utilidad para los cristianos» (Salimbene di Adam). Contradictoria, compromisoria y efímera, pero pacífica. Un *unicum*. La historia ha sido así...

Caballeros

Véase *Semillas, flores, frutos,* p. 78.

Templarios

«Es el amanecer del 13 de octubre de 1307. En todo el territorio del reino de Francia tiene lugar una operación de amplio alcance, fulminante y completamente insólita, la detención simultánea de todos los miembros de la Orden del Templo [...] El propio Gran Maestre, Jacobo de Molay, se ve cogido absolutamente por sorpresa» (Mordenti, 2022). Era el comienzo del largo final de la orden militar hoy más famosa. ¿Qué sería de la Edad Media sin templarios, sin Santo Grial, sabiduría secreta que sobrevivió a las hogueras, celosamente custodiada a través de los siglos por un grupito de adeptos y heredada por la masonería a partir del siglo XVIII (incluso raíz de la Revolución Francesa, como escribió Augustin Barruel, un jesuita exiliado)? Bastaría con pensar en los que se presentan siempre en las ocasiones públicas aprovechando la fama de los templarios, en el *Código da Vinci* y hasta en Anders Breivik, el terrorista noruego...

Un final extenuante que se prolongó seis años y medio entre procesos, torturas judiciales (aunque no todo el mundo estaba convencido de la validez de las pruebas recogidas mediante tortura) y confesiones que sobrepasaban lo inverosímil, como la de un rito secreto de admisión en el que el nuevo miembro juraba renegar de Jesucristo, escupía a la cruz, practicaba actos obscenos y sodomía y veneraba a un ídolo demoníaco cuyo nombre era, entre otros, el de Bafomet. Un repertorio ya experimentado con cátaros y valdenses, al que se añadieron los temas de la brujería, la magia y la adivinación, empleados también contra los principales adversarios políticos del rey de Francia (el obispo de Pamiers en 1301, el papa Bonifacio VIII a partir de 1302, el obispo de Troyes en 1309). Y retractaciones; probablemente a raíz de la noche del 11 de marzo de 1314, con las hogueras de Jacobo de Molay y Godofredo de Charny («el Gran Maestre de Ultramar y el Gran Maestre de Normandía») en un extremo de lo que hoy es l'Île de la Cité. Después de casi dos siglos concluía la historia de los caballeros de las capas blancas (en realidad no todas, ya que las capas de los sargentos eran oscuras) marcadas por la cruz en el hombro izquierdo a partir de mediados del siglo XII. Pero en la orden no todos eran caballeros y sargentos (el llamado «convento»); estaban también los hermanos de oficio, que no combatían, sino que trabajaban (más en Occidente que en Tierra Santa), así como los hermanos capellanes para las necesidades litúrgicas de la orden, tonsurados y con hábito de paño gris y rústico.

La Orden del Templo había nacido en torno a 1120, principalmente por iniciativa de Hugo de Payns, pero antes de 1128 solo aparece citada en cuatro documentos jerosolimitanos. En 1128, el Concilio de Troyes estableció una *Regla;* igual que en el caso de otros hombres de la Iglesia (el uso de las armas no se consideraba excepcional), los templarios debían vestir un hábito que los distinguiera: «Ordenamos que todos los hábitos de los hermanos sean de un solo color: blanco, negro o crudo. Permitimos a todos los hermanos caballeros, tanto en invierno como en verano, allí donde sea posible, llevar capas blancas. Y no se conceda a nadie más». En el *De laude novae militiae,* san Bernardo escribe:

Cuando llega la hora de la guerra, se acorazan por dentro con la fe, y por fuera no ya con el oro, sino también con el hierro, para que armados, no adornados, provoquen en los enemigos más terror que avidez. Desean poseer caballos fuertes y veloces, no llamativos por sus ricos arneses y gualdrapas variopintas [...] Se ordenan y se alinean para la batalla sin turbulencias ni impetuosidades, sin precipitación ni ligereza, sino con sabia prudencia.

Bernardo sabe bien de lo que habla, como lo sabía Odón de Cluny, pues recordemos que los monjes procedían de las noblezas armadas y que las monacales son también, en general, fuentes de autorrepresentación y autolegitimación de los caballeros. Y los templarios representan quizá el culmen de ambas cosas, puesto que combaten en Tierra Santa para defender a los cristianos de allí y, por tanto, a la totalidad de los cristianos (de nuevo san Bernardo: «Cierto, no habría que matar siquiera a los paganos si se hallara otro medio de impedirles acosar y oprimir a los fieles. No obstante, matarlos es por el momento la mejor solución, antes que permitir que el cetro de los pecadores decida la suerte de los justos, y también para evitar que estos, a su vez, se vean inducidos a hacer el mal»). Sus esfuerzos benefician a todos los cristianos; por tanto, las donaciones de los cristianos, sobre todo de este lado del mar, son indispensables para financiarlos. Jerusalén se ve atacada, hay que defenderla a toda costa.

Se alzan contra ellos algunas voces, pero son muy pocas en medio siglo: «Un nuevo monstruo que, por ser monje y caballero, combina pureza y corrupción» (Enrique, archidiácono de Huntingdon, 1145); Isaac de la Estrella, cisterciense de Poitou, también en 1145:

Una nueva caballería, cuya observancia, como dice alguno graciosamente, «deriva del quinto evangelio» [...] Despertar la fe a golpe de lanza y garrote en aquellos que no creen; saquear a placer a los que no llevan el nombre de Cristo y asesinarlos religiosamente; y en cuanto a los que, comportándose así, murieran en tales actos de bandidaje, proclamarlos mártires de Cristo [...] Es triste decir que casi todos los males han tenido su origen en el bien.

Walter Map, unos cuarenta años después: «Solo son pobres en Jerusalén. Allí empuñan la espada para defender a la cristianidad, un acto que, para defender a Cristo, se le impidió a Pedro [...] No sé quién les ha enseñado a vencer la fuerza con la fuerza [...]. Dicen "toda ley y todo código da derecho a contestar a la violencia con la violencia". Pero Él rechazó esa ley».

Sin embargo, el cometido de los templarios, su misión, no suele discutirse. Y aunque sus resultados militares durante los años veinte y treinta fueron muy modestos, atrajeron un número cada día mayor de donaciones. Los papas Eugenio III y Alejandro III extendieron la protección apostólica a todas las personas y todos los bienes que se encontraban en la órbita de la orden, incluidos los «bueyes marcados con la señal de la cruz y sus guardianes, los vaqueros, así como sus cosas, y el asno, las semillas, los hábitos y otros objetos de ese género». Se acumulaban los privilegios y las exenciones. Los templarios llegarían a estar a salvo de las sentencias de excomunión emitidas por los obispos. De ahí que fuera la oposición de estos últimos lo que poco a poco hizo más prudente el primer apoyo incondicional de los papas. Así, el cuarto Concilio de Letrán (1215) se preocupó entre otras cosas de poner ciertos límites en materia de diezmos. Pero cuanto más multiplicaba la orden su presencia en el territorio, mayor era su necesidad de campesinos, artesanos y funcionarios para crear riqueza y administrarla; la peonada militar entraba también en los gastos de la orden, que a lo largo de los frentes del conflicto en el oriente latino y en la península ibérica debía reclutar escuderos, arqueros, ballesteros y turcópolos (mercenarios, no necesariamente convertidos). La guerra era ya costosísima en sí, pero también lo era mantener una guarnición que actuara de freno eficaz, además de los hombres, el equipamiento, el abastecimiento, los tributos, las treguas y los rescates, que requerían un flujo constante de recursos. Y la península italiana, puente y trampolín hacia Oriente, desempeñó un papel fundamental en la organización de la orden.

Los templarios desempeñaban una función esencial en Tierra Santa. Mantenían también contactos muy fructíferos con los ismailíes, los llamados «asesinos», que todos los años –quizá ya desde mediados del siglo XII– entregaban a la orden un tributo de dos mil monedas de oro. Obviamente implicados en las tensiones del reino de Jerusalén, el 4 de julio de 1187 no pudieron evitar su participación en la batalla de los Cuernos de Hattin, donde la retaguardia del ejército cristiano, compuesta de templarios y hospitalarios, rodeó la reliquia de la Vera Cruz, que sin embargo cayó avanzada la tarde. Una derrota epocal que le abrió a Saladino las puertas de Jerusalén. Los caballeros supervivientes, entre ellos doscientos treinta templarios, fueron separados de los demás prisioneros y ajusticiados y la reliquia se perdió. En adelante y hasta 1291 los templarios se mantendrían en Acre. Continuarían recibiendo donaciones porque el compromiso de los cruzados con Tierra Santa no agotaba el papel del Templo en otras fronteras, la Europa centro-oriental, por ejemplo, donde entre muchas casas templarias que servían para juntar recursos destinados a otras partes había algunas que cumplían la función de fortalezas militares para la vigilancia y la organización de territorios como Vrana (ahora Croacia) o Templestejn (ahora República Checa) y Luków (ahora Polonia). Y la península ibérica. La orden recibía donaciones de todo tipo y de todas las categorías sociales, en primer lugar tierras con rentas y derechos anexos, más los beneficios; en segundo lugar, especialmente en las ciudades, rentas y réditos de las actividades comerciales, financieras y artesanales. Como encargado de optimizar ese amplio patrimonio en este marco, la figura del tesorero sustituyó a la del gran comendador, el cual, por lo demás, continuaba siendo el único que junto al gran maestre podía poner el veto a los gastos de los comendadores, maestres tesoreros locales como los de París y Londres. Eran muy activos en materia de finanzas; por eso aparecen continuamente como tesoreros, consejeros y archiveros, y ofrecen servicios de depósito de dinero o de objetos, gestión de cuentas, pago de rentas, secuestros, préstamos, cauciones, transferencias de dinero y transacciones financieras. Los papas y los reyes solían ser sus principales clientes.

Continuaron participando en las distintas cruzadas y sufriendo algunas derrotas graves, como la del 17 de octubre de 1244 en La Forbie, al noreste de Gaza, donde solo sobrevivieron a la batalla treinta y tres de ellos. Pero el golpe final llegó en 1291, con la pérdida de Acre.

Los mamelucos organizaron una poderosa expedición. En Tiro fue suficiente con avistar sus naves para que el lugarteniente real, Adán de Cafran, abandonara la ciudad junto con todo aquel que pudiera permitírselo; a quien no pudo no le quedó (como siempre) más opción que esperar el final. El 26 de mayo, el propio Templo se abate en Acre: el mariscal de la orden, Pedro de Sevrey, y los hermanos todavía capaces de luchar caen en una trampa y son decapitados; viene luego el ataque al edificio: la torre del Templo se desploma y sepulta tanto a los asediados como a los asediantes. En las semanas sucesivas cae Sidón, donde los templarios huidos de Acre apenas tienen tiempo de elegir a Tibaldo de Gaudin, antes preceptor de la Tierra de Jerusalén, nuevo maestre de la orden, que se refugia enseguida en Chipre, probablemente llevando consigo el tesoro del Templo; la guarnición de Sidón se pone a salvo durante la noche, mientras que los mamelucos asolan Beirut y finalmente el castillo de Pèlerin, evacuado antes de su llegada. Para el 14 de agosto ya ha terminado todo: «Como podéis comprender, se perdió la totalidad de Siria, y los sarracenos la tomaron y la destruyeron. Si bien antes tomaron otros muchos lugares que os he descrito, esta vez se perdió todo. No quedó para los cristianos ni un solo palmo de tierra en Siria», escribirá el *Templario de Tiro*.

Sin embargo, nadie pensó que fuera el principio del fin. En 1306, el nuevo maestre se empeñó en conseguir privilegios para Chipre en el marco de nuevos proyectos de cruzada, pero la corona de Francia tenía una necesidad crónica de dinero; Felipe el Hermoso había heredado una enorme deuda de su padre, Felipe III, y en los años noventa del siglo XII la situación se había agravado a causa de las guerras con Inglaterra en Flandes y en Guyena; entre 1296 y 1297, el rey había impuesto varias tasas al clero, lo que produjo tensiones con el papa Bonifacio VIII que concluirían en septiembre de 1303 con la famosa (y legendaria) bofetada de Anagni. Ya en 1291, la confiscación había afectado a los banqueros italianos, y en 1306 les tocaría a los judíos. Hacía varios decenios que los templarios ocupaban el centro de la polémica debido a sus riquezas... y vuelta al principio. Ser objeto de admiración (en el *Parzival* de Wolfram von Eschenbach el custodio del Grial está inspirado en un templario; en la *Biblia* del trovador Guyot de Provins los templarios son el modelo de la caballería, aunque «de una cosa se los acusa / muchas veces y con frecuencia de blasfemar»; Guillermo, mariscal de Inglaterra, «el mejor caballero del mundo», se mandó confeccionar la capa blanca de templario en 1218, un año antes de su muerte) no los protegió del rey de Francia.

Así termina la historia de los templarios y comienza la leyenda de la «maldición templaria». En la primera mitad del siglo XIV se cuenta de un templario napolitano que, próximo a la hoguera, vaticinó la muerte del papa y del rey de Francia, ambos culpables de la inicua destrucción del Templo. De hecho, Clemente V y Felipe el Hermoso habían muerto a los pocos meses de la hoguera de Jacobo de Molay...

9. La construcción de la verdad

Verdad

Existen dos tipos de verdad, la humana y la divina.

La primera es la de los escritores de historia. El autor de la *Chanson* de Guillermo el Mariscal escribe: «En la historia, que es verdad, nadie debe mentir a conciencia», y Hugo Falcando (último cuarto del siglo XII) comienza declarando: «Me propongo escribir de un tema que por su propia atrocidad sería más que suficiente para excluir que se le conceda crédito si no fuera porque en Sicilia no sorprende que se cometan fechorías tan monstruosas que más deberían cantarse con los sollozos de los poetas trágicos que componerse con el orden de la verdad histórica». La verdad es verdad, la tragedia es ficción, como mucho alegoría, verosimilitud. La historia como género literario era en sí misma garantía de verdad. Todos aseguraban que decían la verdad; así lo quería Cicerón (*De oratore:* «¿Pues, quién ignora que la primera ley de la historia es no atreverse a mentir en nada?») y lo escribía Desiderio de Montecassino (mediados del siglo XI): «Mejor es callar del todo que contar falsedad o mentira». Pero la verdad histórica puede contarse según quien hace de intérprete y garante. Guillermo de Malmesbury nos ha dejado algún resto de una historia escrita por David Scoto para recordar la empresa de Enrique V en Italia (1110-1111), aunque, dice, más que una historia es un panegírico, porque pretendía el favor del rey «más de lo que es propio de un historiador». En la Edad Media no estaban menos desilusionados y desencantados que nosotros; sabían que la verdad era ni más ni menos que un instrumento con un campo de acción específico.

La segunda es la verdad única y fundamental de las Escrituras. Pero esa también puede contarse de varios modos; está la verdad oficial y la de los disidentes, y no es que sea propia solo de los herejes. Depende de cuál es la verdad oficial y sobre todo de quién la posee porque es su titular, pero ha de ser reconocido general e indiscutiblemente como tal. No es necesario que la Iglesia sea la *ecclesia malignantium* («de aquellos que profesan el mal») como aseguran los herejes, porque entre los siglos XI y XII existió también la verdad de los obispos y de los profetas que se oponía a la verdad de los papas. Ni tampoco es necesario que se exprese con formas oscuras y alusivas como las de Gioacchino da Fiore o ambiguas como las de Bruno, obispo de Segni y abad de Montecassino, oponente del papa Pascual II. Muchas veces se proclama conscientemente con formas explícitas y en voz alta. La Sede Apostólica no puede erigirse en el único criterio fundamental de la institución eclesiástica, dice el llamado *Fragmento A* de la colección canónica que el cardenal Deusdedit dedicó al papa Victorio III (1086-1087):

> Con tal sumisión miran todos al vértice de la Sede Apostólica [...] que esperan buena parte de la disciplina de los santos cánones y de la antigua institución de la religión cristiana más de la boca de quien la preside que de las páginas sagradas y de las tradiciones de los Padres. Se aseguran solo de lo que quiere y lo que no quiere, para adecuar o manifestar su propia conducta.

Ya hemos visto lo que escribía san Bernardo al papa Eugenio III:

> Este es Pedro, que nunca se mostró en público ni adornado de joyas o de sedas ni cubierto de oro ni montado en un caballo blanco ni rodeado de caballeros ni circundado de ministros estrepitosos. Y aun sin todas esas cosas creyó poder cumplir con suficiencia el mandato de la salvación: «Si me amas, apacienta a mis ovejas». En esto has sucedido a Pedro, no a Constantino [...] Aunque te pavonees cubierto de púrpura y vestido de oro, no debe repugnarte la obra y el cuidado pastoral, oh heredero del Pastor (Cantarella, 1997).

Se comprenderá mejor a Bernardo si recordamos lo que había escrito medio siglo antes Bonizo de Sutri: «[Constantino] instituyó una ley conforme con la doctrina evangélica: que el pontífice romano fuera la cabeza de todos los obispos, así como el rey es cabeza de los jueces». El papa, dice Bernardo, no es *ni un rey ni un emperador.*

Incluso la verdad de Cristo en la Cruz y de la Salvación se cuenta según quien hace de intérprete y la enarbola.

Pero la verdad, la única, desde 1076-1077, es solo la de Roma: «No se tenga por católico quien no esté de acuerdo con la Iglesia de Roma». «Aquel que no esté de acuerdo con los decretos de la Sede Apóstolica sea tenido por hereje». Son afirmaciones del *Dictatus papae* (XXVI) y de las *Auctoritatis Apostolicae Sedis* (6). Es Gregorio VII.

Gregorio VII

Hildebrando de Soana (que de Soana no era... pero poco importa) fue elegido el 22 de abril de 1073 con el nombre de Gregorio VII. Se trató de una elección irregular, pero ninguna elección papal de los siglos XI y XII se produjo según las normas establecidas. Y, en todo caso, nadie encontró nada que decir hasta que estalló el conflicto con el imperio.

Naturalmente, no podía saber que sería uno de los papas más importantes de la historia y que provocaría una auténtica *revolución* que iba a cambiar las estructuras de la Iglesia Católica para el siguiente milenio. En realidad, no tenía ninguna intención de ser un revolucionario, sino un *restaurador*. El hecho de que enseguida acentuara el carácter piramidal de la Iglesia no fue una invención suya. Ya en 1026, Poppo, arzobispo de Tréveris, entendía la superioridad jerárquica como superioridad jurisdiccional y pretendía que todos sus sufragáneos se comportasen como «si fueran siervos». El arzobispo de Tréveris era muy poderoso, pero el papa... En enero de 1075, el arzobispo de Hamburgo-Bremen, Liemaro, escribía a Ezelo de Hildesheim: «Este hombre peligroso quiere mandar lo que le apetece a los obispos, como si fueran aldeanos suyos»; añadía además la falta de respeto por parte del apostólico, que le había entregado una convocatoria a Roma no directamente, sino a través del abad de San Miguel de Fulda, el cual, a su vez, le había faltado al respeto encargando del asunto a un clérigo *indignísimo. Siervo, patán, indignísimo,* tal era el campo semántico. Liemaro sabía a quién escribía: Ezelo había mantenido precisamente con el abad de Fulda una controversia que había durado cinco años. Añadía: «Yo sé bien cuáles han sido aquellos de nuestros obispos que, por su enorme odio al rey mi señor, me han arrojado a estos afanes como consecuencia de sus maquinaciones, aunque yo en aquel conflicto me preocupé por lo que convenía a todos». Aquí habla el político, y este fue el panorama constante de los doce años de pontificado de Gregorio VII: la situación magmática del reino de Alemania, los numerosos oponentes a Enrique IV, la imposibilidad por parte del rey de prescindir del apoyo de su episcopado, la alta aristocracia eclesiástica de las inmensas propiedades, las enormes riquezas, las imponentes ciudadelas episcopales, la roja Maguncia, la muy blanca Espira, la Tréveris moteada de gris, la herrumbrosa Estrasburgo, la amarilla Metz, catedrales y colores con los que se podría dibujar una enseña heráldica ideal de aquella aristocracia inalcanzable, obras permanentes que movían muchísimo dinero y creaban un gran acuerdo... ¡Nadie podía faltar al respeto a unos aristócratas de tanta altura!

Gregorio VII, *restaurador* de normas y procedimientos que, si bien estaban previstos, nunca se habían hecho realidad más que parcialmente, aunque con éxito, en las iglesias del reino desde varios decenios antes. En Alemania, la inspiración espiritual y la formación cultural eran las dos caras de una misma moneda; la espiritualidad se afinaba a través de la cultura, y las carreras eclesiásticas debían pasar por la selección de un filtro indiscutible y compartible basado en textos sagrados y de reconocida validez, para informar todo conforme a la norma y restablecerla, lo que, evidentemente, en la mayor parte de los casos significaba también *instituirla* allí donde la norma solo había regido episódicamente. Las carreras pasaban por el mecanismo de la *cooptación,* que involucraba a una multiplicidad de sedes episcopales, un hecho que era en sí mismo la garantía de funcionamiento, porque suponía la vigilancia recíproca entre los grandes eclesiásticos... y, por tanto, una gran complicidad entre los poderosos, pero con un perfecto conocimiento y un respeto tendencialmente absoluto de garantías y procedimientos.

No obstante, tales reformas también habían tenido que pasar por una serie de pruebas y fracasos, por su escasa e incompleta aplicación más allá de las redes directamente controlables no tanto por los reyes cuanto por las iglesias del reino y sus prelados. En cualquier caso, en otras partes no había ni rastro de reformas similares, dejando aparte Roma, donde se habían iniciado tímidamente en los años treinta. Gregorio VII se proponía hacer general y uniforme el sistema de normas y procedimientos. Y este fue el primer paso de la *revolución,* porque no existe una sola reforma en el siglo XI: las reformas no nacen como conjunto de sistemas, se convierten en eso. Las reformas no restauran un pasado que en cuanto tal, es decir, en cuanto sistémico, nunca había existido, lo inventan. Reforma y restauración se identifican, pero restauración significa también *innovación* (que puede entenderse como subversión, *novitates).* ¿Interactúan? ¿Coinciden?

Eclesiología petrina (el primado espiritual y también jurisdiccional de san Pedro y de su vicario, el papa), función del papa, profesión de continuidad en la doctrina sin inventar novedad alguna: este será el perfil oficial de Gregorio VII durante todo su pontificado, y resultará muy difícil cuestionarlo desde el punto de vista *formal*. Pero *las* reformas dan lugar a la *única* reforma. Y esta también es una invención. La mayor de todas, porque será la más profunda, la *vuelta* a la *única* ortodoxia admitida. Esta vuelta será también una invención, y trascendental.

Coherente disponibilidad a negociar: Gregorio VII y Enrique IV no tenían la menor intención de entrar en conflicto entre sí. Para el nuevo papa, muy experimentado y avezado en política, y para el joven rey, el modelo ideal era el de la *concordia* entre las dos autoridades máximas de la cristiandad, el sol y la luna del universo cristiano. Pero...

Pero las intervenciones del papa chocaron con el sistema episcopal del reino. Y el sistema episcopal del reino era el núcleo de la fuerza del rey (no solo en Alemania, sino también en Francia). Los conflictos se agudizaban cada vez más y el rey no podía quedarse al margen. Se llegaría a las excomuniones, a las destituciones del papa y del rey, al antirrey Rodolfo de Suabia y al antipapa Clemente III, a la continua deslegitimación recíproca: el rey (ya) no era el rey, el papa (ya) no era el papa. En consecuencia, Gregorio invirtió la simbología cosmológica e hizo del papa el sol. Otra revolución que el papado nunca quiso revertir.

No fue la condena de las investiduras lo que llevó al estallido del conflicto y acabó por definir la conducta del rey, que no podía sino apoyar a los obispos. Es más, de aquella condena que desencadenó la *querella de las investiduras (controversia de investituris),* que solemos llamar «lucha por las investiduras» y que no se cerró hasta 1122 con un compromiso que salvaba tanto al papa como al emperador (utilizando auténticos juegos de palabras), no poseemos ni siquiera el documento, lo cual es extraño porque sabemos que Gregorio VII se ocupó personalmente de la publicación anual de sus actas, decidiendo cuáles debían salvarse y hacerse públicas y cuáles no y en qué orden, al menos hasta 1083 (después podría haber intervenido su sucesor, Urbano II). En concreto, no se sabía siquiera lo que era una *investidura*... El gran canonista Ivón, obispo de Chartres, negaba en 1122 que se tratara de una herejía:

Hablamos del hecho que algunos llaman herejía de la investidura, aunque la herejía no es otra cosa que el error en la fe [...] Fe y error proceden del corazón. Sin embargo, la famosa investidura, que ha creado tanto revuelo, está solo en las manos de quien la confiere y de quien la recibe, que pueden hacer cosas buenas o malas, pero no pueden creer o errar en materia de fe.

¿Pueden tener una opinión las manos? A lo sumo, pueden manifestarla. El razonamiento era sutil, pero Ivón evitaba recordar que *herejía* era lo que decidían el papa y la Iglesia romana... Se necesitarían casi cincuenta años de análisis, discusiones y sutilezas para precisar su campo semántico.

El conflicto estalló por la insistencia del papa en pedir que el rey hiciera penitencia por haberse comunicado con los eclesiásticos excomulgados por el pontífice a causa de su desobediencia, que los alejara y alejara también a sus consejeros más íntimos, pero daba la causalidad de que Enrique les debía precisamente a ellos su primera gran victoria sobre los sajones. Así se llegó a Canossa (enero 1077), el famoso episodio del que nunca se recuerda que fue una negociación intensa capaz de encontrar un punto de compromiso que recuperara la paz dejando las manos libres tanto al papa como al rey. El rey cumplió su penitencia y quedó absuelto, pero en Alemania el arzobispo de Maguncia, tan poderoso como hostil a Enrique y desde hacía tiempo en pésimas relaciones con Gregorio, coronó a Rodolfo de Suabia, y todo volvió a ponerse en discusión y hubo que organizarlo de nuevo. Una escalada de actas y escritos cada vez más conflictivos, la segunda excomunión del rey, la segunda destitución de Gregorio VII, la elección de Clemente III (1080), las campañas militares en Italia, los asedios a Roma, el saqueo de la Urbe por obra de los normandos de Roberto Guiscardo, que oficialmente habían ido a proteger al papa, la partida de Roma junto con los normandos para evitar la venganza de los romanos enfurecidos y la muerte en Salerno (1085).

Antes de 1080, el papa había promovido otra revolución: la imposición del celibato eclesiástico, que en adelante obligó a los clérigos seculares a la misma castidad que exigía a los monjes, aunque no aspiraran en absoluto al modelo monacal, imposición inmediatamente contestada con energía no solo por considerarla poco realista, sino también y sobre todo porque se basaba en una interpretación *innovadora* de las Escrituras y de los Padres.

Y aun antes de 1080, entre 1076 y 1077, el papa impuso su mayor invención, la más importante, la más duradera: la *ortodoxia*. «No se tenga por católico a quien no esté de acuerdo con la Iglesia de Roma»; «Aquel que no esté de acuerdo con los decretos de la Sede Apostólica sea tenido por hereje». Roma es el principio fundador, la medida de todas las cosas.

Gregorio VII demostró muchas veces que poseía una fuerte consciencia del arte de la comunicación. Ninguna de las dos propuestas se hallaba en las colecciones canónicas, ni tampoco en ninguna carta que hubiera podido llegar a conocimiento solo de unos cuantos, sino en dos *repertorios de predicación;* se anunciarían a los cuatro vientos y todos podrían oírlas. Todos sabrían lo que significaba estar con Roma y lo que significaba y comportaba *no estar* con Roma. La *revolución,* más aún que la puesta a punto de instrumentos normativos y prácticos de gobierno para una verticalización de las estructuras eclesiásticas convergentes en el papa (que no se realizó con Gregorio VII, ni logró realizarse del todo durante el siglo siguiente), es esta: Roma, es decir, la Sede Apostólica, es decir, el papa, cada día más identificado con la propia Sede, es la medida de todas las cosas. Y de nuevo volvemos al *Fragmento A* y a su contexto histórico: «Con tanta sumisión miran todos al vértice de la Sede Apostólica [...] Se aseguran solo de lo que quiere y de lo que no quiere, para adecuar o manifestar su propia conducta».

Se convertirá en la medida y en la frontera no solo de la sociedad de los eclesiásticos, sino de toda la sociedad medieval y atravesará indemne todos los siglos posteriores. Esto convierte al breve pontificado de Gregorio VII en una época central e institucional, un punto de no retorno.

Herejes

Oportet et haereses esse había escrito san Pablo a la comunidad de Corinto (I Cor. 11, 19), que tenía una experiencia directa en materia de discusiones e interpretaciones desde

el Concilio de Jerusalén: «Pues es preciso que entre vosotros haya facciones, a fin de que destaquen los de probada
virtud». «Herejía» quiere decir 'tendencia', 'opinión', 'secta'.
De la comparación se ve quién tiene una fe probada; la opinión distinta o divergente sirve para reconocer la creencia
acertada y la conducta recta. Discusiones e interpretaciones, consecuentes con la contaminación entre judaísmo,
cristianismo y algunas formas culturales helenísticas como
el neoplatonismo, hubo muchísimas hasta que el emperador Constantino, harto de la inesperada litigiosidad de
los cristianos, que debilitaba la unanimidad del episcopado, convocó el Concilio de Nicea, donde se dictó el Credo
niceno, desde entonces el parámetro fundamental. Circunstancia que no impidió la continuidad de las discusiones ni la diferencia de las interpretaciones, ni tampoco que
el arrianismo se convirtiera en la fórmula religiosa de los
pueblos emigrantes ni que las disputas entre los duofisitas
y los monofisitas siguieran adelante inalterables.

A comienzos del siglo XI oímos hablar de herejes. Alrededor de los años treinta, Ademar de Chabannes cuenta que
diez canónigos de Orleans adoraban al diablo, que se aparecía en la imagen del Etíope y luego en la del Ángel de la
Luz, y que todos los días les proporcionaba mucha plata;
en público, se declaraban cristianos, pero a escondidas co-
metían «abominaciones y crímenes»; según él, los había en-
gañado un *rusticus,* un campesino, que aseguraba hacer ma-
ravillas y que llevaba consigo polvo de niños muertos. Se
trata de un indicio interesante, porque uno se ve tentado
de sospechar un resurgimiento de creencias y cultos ante-
riores a la cristianización. Y también nos interesa porque
los adoradores del diablo reaparecen en 1233 en el *Vox in*

Rama del papa Gregorio IX con el nombre de *luciferani.*
¿Sectas satánicas?
Hogueras.

Poco después aparecieron en Aquitania los maniqueos, que se-
ducían a la plebe, negaban el santo bautismo y la virtud de la
cruz y todo lo que se refiere a la sana doctrina. Se abstenían de
comer, como si fueran monjes, y simulaban la castidad, pero entre ellos practicaban todas las formas de lujuria; eran nuncios
del anticristo y lograron sacar a muchos de la órbita de la fe.

En 1028 se dio el caso de Monforte, quizá en la diócesis
de Asti (la localidad no es identificable), donde los herejes,
que practicaban la casta convivencia entre hombres y mujeres, interpretaban libremente las Escrituras, no creían en la
encarnación de Cristo ni en la función redentora de su pasión y muerte y tenían su propio pontífice sin tonsura y un
grupo de *maiores* que debían rezar incesantemente de día y
de noche. Los juzgaron en Milán (entre ellos estaba también la condesa del lugar).
Hogueras.
Pero es a partir de comienzos del siglo XII cuando empiezan a proliferar las herejías. Sobre todo en la Provenza,
Languedoc y Lyon. Pedro de Bruys, Enrique (llamado
«de Lausana», aunque procedía de Le Mans) y en el último
trentenio Pedro Valdo y sus pobres de Lyon. Walter Map
cuenta que contestó y confundió a los pobres de Lyon durante el tercer Concilio de Letrán (1179), y lo cuenta con el
tono burlón de quien alardea de su cultura y trata de insig-
nificantes a los que tiene enfrente porque van directos a la
herejía...; lástima que aquellos hombres fundarán una co-

munidad muy duradera que ninguna persecución fuera capaz de detener. A Pedro de Bruys y Enrique de Lausana se opuso el abad cluniacense Pedro el Venerable (1122/26-1156), a quien debemos la información sobre ellos (por ejemplo, ¿por qué adorar la cruz, que era solo un instrumento de tortura y de muerte?, ¿por qué rezar en la iglesia si Dios está en todas partes? Y, en consecuencia, ¿por qué distraer tantos recursos de las necesidades de los pobres para construir las grandes basílicas?). Son datos fiables porque el Venerable se los dirige a los obispos, titulares de la *inquisición,* y quiere demostrarles que su Cluny se encuentra al día en todo.

Y Arnaldo de Brescia. ¿Hereje? Sí, no tanto por profesión de fe como por tronar contra la corrupción de la Sede Apostólica y acabar siendo el jefe de la lucha contra el papa; lo ahorcaron y después lo quemaron y esparcieron sus cenizas en el Tíber (1155). Federico Barbarroja tenía que complacer al papa (pero, dice el cantor de su gesta, sabía que era una injusticia y lloró).

Se puso negro sobre blanco una detallada lista de herejes en la *Ad abolendam* de Lucio III (1184): «Cátaros, patarinos, humillados, pobres de Lyon, pasagianos, josefinos, arnaldistas». *Patarinos* es una deformación de los patarinos lombardos del siglo XI, tan osados en su crítica al clero (y poco importaba que hubieran ofrecido así una ocasión de oro a Roma para intervenir en la autonomía de la sede ambrosiana) que se convertirán casi en sinónimo de cátaros, es decir, *herejes* por antonomasia en sentido genérico e indiferenciado.

En 1200 se da el gran salto con Inocencio III: se tratará a los herejes como reos de delito de lesa majestad, «porque es mucho más grave dañar a la majestad eterna que a la temporal». Con la lesa majestad el delito de opinión (como lo llamaríamos nosotros) se convertía en delito político. Y encontró una acogida entusiasta en la majestad temporal. El papa Inocencio no era como Lucio III: el 10 de marzo de 1206 ordenó al *podestà* y al pueblo de Faenza –sin resultado, todo hay que decirlo– que expulsaran «a los herejes que se llaman pobres de Lyon, así como a los patarinos y a los cismáticos de cualquier secta cuyo nombre se os haya comunicado». No es el detalle lo que le interesa, no es la precisión científica y jurídica; los herejes forman todo un bloque, una masa, y sobre esa *masa* hay que intervenir.

En 1231, el *Liber Augustalis* de Federico II dedicó un título entero a *Herejes y patarinos.* En 1239, la cancillería imperial lo retomó y lo enriqueció sin complejos: «Patarinos, esperonistas, leonistas, arnaldistas, circuncisos, pasagianos, josefinos, garatenses, albanenses, franciscos, *bagnaroli, comisti,* valdenses, *roncaroli, communelli,* varinos» y, como cierre, los *ortoleni cum illis de Aqua Nigra.* En resumen, el emperador debe controlarlo todo hasta en los menores detalles, pero ni siquiera eso complació a Gregorio IX (Benedetti, 2021). La lista está llena de nombres que no somos capaces de identificar; si es posible que los *roncaroli* fueran los pobres lombardos, un grupo dirigido por Giovanni di Ronco o Roncarolo, escindidos de los pobres de Lyon, los circuncisos (por ejemplo) son completamente desconocidos. Pero no debía de ser un ejercicio de pura fantasía o las disposiciones en su contra habrían resultado inútiles; si acaso, un ejemplo de la difusión y la omnipresencia de la herejía en cuanto *disidencia;* la mención de Acquanegra sul

Chiese (Mantua) o Acquanegra Cremonese señala un lugar concreto y delimitado. Uno de tantos, tantísimos, en los que vivían y vivieron los «herejes cotidianos», los que lo eran pero no lo sabían. Y lo eran porque «no sentían en concordancia con los decretos de la Sede Apostólica» (1077, Gregorio VII). En efecto, rebelarse o simplemente expresar un malestar con formas articuladas y organizadas en elementos de pensamiento (no necesariamente complejo, quizá sencillo, elemental e incluso contradictorio) refiriéndose a uno cualquiera de los aspectos del poder adoptaba por necesidad formas heréticas.

Para Juan XXII (1316-1334) la herejía era «desobediencia». No era ninguna novedad. Gregorio VII no solo había equiparado la herejía a la no coincidencia con la Sede Apostólica, sino que también había declarado repetidamente que la desobediencia a san Pedro y a Roma era un delito religioso, porque la desobediencia «es como el delito de idolatría» (1078) y la idolatría es herejía (1080). Bruno de Segni había escrito a comienzos del siglo XII: «Los católicos son aquellos que defienden la fe y la doctrina de la Iglesia Católica. Por el contrario, los herejes son aquellos que se oponen con ánimo obstinado a la fe y a la doctrina de la Iglesia Católica» y son «perros, es decir, tóxicos [...] construyen sistemas venenosos con los que matan las almas» *(Expositio in Apocalypsim)*. Pero en el siglo XIV todo esto había adoptado formas jurídicas.

El *pensamiento único* eclesiástico brindó a la política *laica* los instrumentos para atacar la disidencia, pero eran instrumentos con muchos préstamos de la jurisprudencia clásica. El *pensamiento único* de la Edad Media no tenía un origen *único,* era un pensamiento fundamentalmente *mestizo.* Y volvemos al pensamiento herético que, al parecer, inspiraba miedo de verdad: el de los cátaros. Otra contaminación, con orígenes persas, que cruzó los Balcanes y apareció quizá ya en el siglo XI, con una profesión de vida y de fe enteramente ajena a la ortodoxia... un gran problema historiográfico. Mestizo ya en el nombre, que era griego, los *kathároi,* «los puros». Mestizo por su procedencia, según se dice Bulgaria, cuyo nombre procede de una raíz *(bulgha)* que significa 'mezclar'. Mestizo porque se trata de una forma de dualismo, ya en sí difícilmente adaptable a la religión católica, en el que se combinaban elementos de ascendencia lejana, el maniqueísmo y el bogomilismo. Mestizo porque los elementos religiosos se mezclaban con los institucionales y organizativos. El catarismo, el enemigo absoluto, el gran temor, es la *herejía del mal.* El mal, el gran problema de todas las reflexiones religiosas. En el catarismo se vio, o se quiso ver, un proyecto alternativo; es decir, totalizador, como lo era el proyecto católico.

Los «buenos cristianos dualistas» fueron exterminados en las guerras contra los albigenses de Languedoc. Viajando en el tiempo, podríamos remontarnos a la difusión del petrobrusianismo, descender hasta las hogueras de los hugonotes gascones y bearneses (famoso un *auto de fe* en Zaragoza del año 1585) y recordar que Enrique IV fue protestante hasta el *Paris vaut bien une messe* de 1593, y redescubriríamos una *geografía enterrada* de la disidencia religiosa, de su persistencia y de su represión.

También el luteranismo fue una herejía. Visto por los luteranos, también lo fue el catolicismo. Todos fueron herejes. Según los puntos de vista.

Inquisición

Cuando pensamos en la inquisición, normalmente se nos viene a la cabeza la inquisición española, pero aquella fue una excepción relacionada con la situación ibérica del siglo XV. La inquisición, es decir, la indagación, la investigación de un delito, era episcopal y, por tanto, «policéntrica», con múltiples actores en función de los tiempos y las circunstancias y «en delicado equilibrio entre el centro y la periferia, entre el papa, el emperador y las autoridades civiles, entre el papa y los obispos a través de la inclusión progresiva y dinámica de los frailes mendicantes, cada vez más autónomos e independientes primero de los obispos y luego del papa» (Benedetti, 2021). Como sucedió en otros muchos sectores, antes de que los papas pretendieran asumir la dirección, los obispos fueron los delegados naturales del control de la ortodoxia y la heterodoxia en las diócesis de su competencia. Pedro el Venerable se dirigió a los arzobispos de Arlés y Embrun y a los obispos de Die y Gap cuando envió su obra sobre la herejía de Pedro de Bruys. Y así continuó siendo en la época de Lucio III o Inocencio III, pero enseguida asumieron la coordinación las órdenes mendicantes en vinculación directa con el papado, lo que dio lugar a numerosos y variados conflictos entre los obispos y los frailes. Pasaron los decenios y la necesidad de ofrecer una respuesta a la expansión de las corrientes heréticas impuso la recuperación del papel esencial del obispo y de la unidad de la diócesis, origen y salvaguarda de la integridad y del orden del bloque eclesiástico. No había otra solución, de modo que Clemente V (1305-1314) tomó medidas: los inquisidores debían colaborar con los ordinarios diocesanos.

La actividad inquisitorial, tal como nos la representamos por lo común, comienza más o menos en la época de Gregorio IX. La primera obra de un procedimiento orgánico, un auténtico manual, fue el *Directorium* de Raimundo de Peñafort (1242). Diez años más tarde, el primer mártir de la inquisición sería fray Pedro de Verona, asesinado en el bosque de Barlassina (entre Como y Milán), un homicidio atribuido sin tardanza a los «buenos cristianos dualistas» y en el que se vieron implicados en distinta medida Carino de Balsamo, cónsul de Milán y autor material del delito, Raniero Sacconi (fray Raniero de Piacenza, inquisidor, que había escrito en 1250 una muy exitosa *Summa de catharis*) y la familia de los Giussano, uno de cuyos miembros, Daniele, se hizo fraile, se convirtió en inquisidor coincidiendo con el asesinato y ejerció como tal en la investigación de sus propios parientes «de un modo bastante sospechoso», lo que indica que las pesquisas habrían podido estar alteradas (para bien o para mal) con la intención de arreglar viejas cuentas familiares. En cuanto a Carino de Balsamo, también retomó el camino de la ortodoxia y se hizo fraile predicador en Forlì. Luchar contra la herejía no era necesariamente una señal de convicción ortodoxa... Recordemos a Adolf Eichmann, el pequeño burócrata que fue protagonista de la *Vernichtung* no tanto por convicción nazi como por haber visto la posibilidad de hacer una carrera brillante. Cambiando lo cambiable, ¿cuántos Eichmanns han existido y cuántos continuarán existiendo?

Los frailes predicadores de la orden de santo Domingo (los *Domini canes,* «perros del Señor», como muchas veces les gustó definirse) desempeñaron un papel importante y enormemente precoz en la inquisición. Inocencio III unió enseguida a Domingo con los cistercienses en la tarea de erradicar a los cátaros de Languedoc, y esta fue en adelante la característica de sus actuaciones y de su *fraternitas*. El más famoso de los predicadores fue Bernardo Gui, autor de numerosas obras, entre ellas un *Manual del inquisidor (Practica inquisitionis),* y que persiguió entre otros herejes a los apóstoles de Dulcino (quemado en la hoguera el 1 de junio de 1307). Gui, activísimo, incansable, fue nombrado obispo en 1324 por Clemente V, a quien dedicó un refinado códice que se conserva en la Biblioteca Ambrosiana de Milán, con sus escritos históricos. Pero la mayor parte de las actas inquisitoriales se ha perdido, entre otras razones porque la circulación de los documentos se circunscribía sobre todo a las zonas interesadas en la investigación. En los siglos de la erudición eclesiástica (XVII-XVIII) se constató que no conservaban los registros de las inquisiciones ni siquiera aquellas instituciones en las que se debería haber encontrado algún rastro.

Aunque tenían más o menos vía libre para investigar a herejes y herejías, los inquisidores estaban controlados, y no fue raro que muchos se convirtieran a su vez en objeto de investigación debido a la desenvoltura con que manejaban los fondos o a las extorsiones y las falsas certificaciones notariales. Los casos mejor documentados se hallan en Toscana y pertenecen a la primera mitad del siglo XIV. En Siena, un franciscano, fray Mino, fue acusado en 1334 de imponer condenas judiciales y multas muy onerosas, de las que se había quedado con dos mil cuatrocientos florines, y de llevar un libro *ad hoc* del que «quitaba y añadía páginas». Boccaccio se refería a él cuando hablaba de la «pestilente avaricia de los clérigos, y sobre todo de los frailes menores, que no osan tocar el dinero» (*Decamerón*, I, 6). Paradójicamente (aunque quizá no tanto), los registros contables fueron los documentos conservados con mayor cuidado.

El siglo XIV de Juan XXII fue la época de los «procesos políticos». Como es sabido, los franciscanos fueron uno de sus objetivos favoritos. Sin embargo, este hecho no modificó el papel que ellos desempeñaban en el sistema de las inquisiciones. Desde 1254 (*Licet ex omnibus* de Inocencio IV) administraban la jurisdicción inquisitorial y se repartían Europa en zonas concretas y distintas a las zonas de los dominicos. Fueron los protagonistas de la represión de los valdenses a finales del siglo XV, con los patíbulos en las plazas, las torturas, las extorsiones, los incendios y las condenas a muerte inapelables (en Pragella, el año de 1487, cuando condenaron a un viejo a morir en la horca, se presentó su hijo «para salvarle la vida al padre, y así el hijo fue ahorcado en su lugar y el padre puesto en libertad»). Con los frailes menores «el 'perdón' coincide con la admisión de la culpa, la penitencia, la delación perpetua [...] La distancia entre los 'hijos' de fray Francisco y su fundador se había agrandado en poquísimo tiempo. No menos veloz –e inevitable– era su empeño represivo y su coerción para imponer la ortodoxia mediante los actos de los inquisidores de la depravación herética» (Benedetti, 2021). Los franciscanos perseguidos se hicieron perseguidores. Incluso Bernardino de Siena, el exacerbado, el implacable, se comportó como un inquisidor utilizando la predicación; en 1437, desde los púlpitos de san Francisco y san Ambrosio de Milán, denunció por hereje al maestro de ábaco Amedeo Landi, que no obstante mantenía unas relaciones cordiales con dos inquisidores como Giacomo della Marca y Juan de Capistrano, e impulsó un proceso informal que se prolongó hasta 1441 y del que Landi solo consiguió salir indemne por la intervención de hombres «buenos y equilibrados», aunque no sin haberse arriesgado a morir en la hoguera; una hoguera no menos informal, porque muchos exaltados «vulgares e ignorantes» *(ibid.)* habrían querido ir a quemarlo en su propia casa.

Órdenes mendicantes

Las órdenes mendicantes fueron una experiencia muy nueva en la historia de la Iglesia, aunque desde el punto de vista organizativo aprovecharon las normas de las órdenes cistercienses y de las canónicas. San Francisco de Asís, santo Domingo de Guzmán, dos trayectorias vitales muy distintas, ya que el primero se formó en un ambiente laico y urbano, caracterizado por la presencia de modelos de comportamiento caballerescos y corteses y por la arrolladora fuerza del dinero, mientras que el segundo tuvo una formación completamente eclesiástica en los capítulos de dos catedrales de la nobleza castellana, Palencia y Osma, marcada por la ascesis, el estudio y la formación para predicar y evangelizar. Francisco se formó bajo el signo de la *invención* (ya en el propio nombre, elegido por su padre, que había hecho su fortuna con el comercio allende los Alpes) y luego mediante el privilegio y el sufrimiento de los *estigmas,* una especie de línea roja que nos habla de los tormentos de la orden que se vio obligado a fundar para evitar que sus *frailes,* sus *fratelli,* en su mayoría laicos, que lo habían seguido por elegir una rebelión pacífica (la elección de la no violencia después de haber visto los horrores de la guerra en la que habían participado) y una práctica firme aunque serena de la pobreza y del amor al prójimo, se vieran implicados en una acusación de desobediencia y predicación no autorizada; en resumen, de herejía. La historia de los franciscanos está llena de revisiones, contradicciones, persecuciones y heridas. Las incertidumbres surgieron poco después de la muerte de Francisco (3 de octubre de 1226): ¿qué conducta seguir en ausencia del fundador, *forma vitae* y última instancia para corregir la vida de la comunidad? Francisco no había definido su posición; Dios le había inspirado para conducirse conforme a las enseñanzas evangélicas, imitar al pie de la letra la vida terrenal de Jesús, su pobreza, su humildad y su sencillez, y predicar la palabra de Dios para la salvación. Nada más.

El éxito de las órdenes mendicantes fue inmediato y arrollador. Los dominicos (los predicadores) tuvieron una regla que entraba en la categoría de las canónicas y que fue confirmada en 1216; la organización de los franciscanos (los menores) se definió a partir de 1223 en analogía con la de aquellos. Fortalecidos por su entusiasmo y por el apoyo de las autoridades eclesiásticas, dominicos y franciscanos se insertaron capilarmente en la cristiandad; sus casas y sus iglesias, que comenzaron a salpicar las ciudades, constituían puntos de referencia (y de poder) que muchas veces originaron grandes reorganizaciones urbanísticas, como ocurrió con Bolonia en el caso de los franciscanos. Las estructuras de las nuevas órdenes eran dúctiles y al mismo tiempo estaban centralizadas, ya que se regían mediante el capítulo general elegido por los frailes (convocado anualmente en la orden dominica y cada tres años en la franciscana) para decidir la vida y la normativa de la orden, y mediante un maestro general para los dominicos (un ministro para los franciscanos), elegido también por los frailes, representante supremo de la orden con carácter vitalicio, aunque el capítulo tenía la facultad de deponerlo; cada convento estaba presidido por un prior (custodio, para los franciscanos) elegido también por los frailes. Ambas órdenes se organizaban en provincias: doce para los dominicos, trece para los franciscanos. En el caso de estos últimos, al lado de los órganos de gobierno, aunque por encima de ellos, se situaba un cardenal «gobernador, corrector y protector de la orden» nombrado por el papa, ya que de ese modo se velaba por la ortodoxia de los frailes y se subrayaba la cercanía de su relación con Roma. También santa Clara y las clarisas dispusieron de un protector, Hugolino de Ostia, futuro Gregorio IX.

Los dos santos tuvieron una trayectoria común de glorificación *post mortem* por obra de sus órdenes. Los estigmas de san Francisco y el suave perfume que emanó de los restos de santo Domingo conservados en Bolonia constituyeron los principales elementos de una obra hagiográfica que entre los dominicos se llevó a cabo con vistas a una santificación general de su orden, pero que entre los franciscanos se hizo a través de continuas reconsideraciones y reescrituras.

En 1228-1229, Tomás de Celano redactó la *Vita prima* de Francisco; en los años treinta y cuarenta, Julián de Espira escribió que Francisco había sido un instrumento de Dios con una semejanza absoluta a Cristo y por tanto con un aspecto mesiánico. Con la *Vita secunda* Tomás de Celano no solo confirmó la figura de «nuevo evangelista», sino también la de apóstol de Cristo al final de los tiempos y la de «profeta» del presente. Elías de Cortona, ministro general, sostuvo el absoluto parecido con Cristo introduciendo la gran novedad: los estigmas. La experiencia *humana* de Francisco quedaba totalmente traicionada en nombre de la garantía institucional; se exaltaba a la orden, pero *ese* san Francisco, para quien la «cristomímesis» había llegado al extremo de identificarlo *físicamente* con Cristo, era un modelo inalcanzable que hacía imposible el seguimiento de sus huellas al pie de la letra. Su experiencia era inimitable y concluía con él.

Eran los años del conflicto entre Gregorio IX y Federico II. En 1239, Gregorio recurrió a un pretexto para deponer a fray Elías de Cortona, que enseguida se encontró unido a Federico II por la acusación de practicar la magia. Pero con la *invención de los estigmas* no se dio marcha atrás, pese a que en 1260 Buenaventura de Bagnoregio reorganizó la memoria oficial de la orden. Durante aquellos decenios había ocurrido de todo. La dirección de la orden se había confiado a los conventuales (uno de los grupos formados muy poco después de la muerte de san Francisco debido a las distintas interpretaciones del estilo de vida que debían llevar), que la clericalizaron, la situaron de inmediato al servicio de la propaganda contra Federico y sufrieron expulsiones y persecuciones. Hacia 1241, los franciscanos entraron en contacto con el complicado pensamiento de Joaquín de Fiore (muerto en 1202), un abad cisterciense cuyos escritos había condenado Roma antes de su muerte, y aunque tendrían que haber ido a la hoguera, se salvaron nuevamente gracias a que los monjes de su abadía huyeron del ejército imperial y se refugiaron en Pisa. El influjo del pensamiento de Joaquín fue enorme: los menores asumieron los perfiles de una comunidad apocalíptica, los precursores del reino futuro que vivían exclusivamente según los dictados del Evangelio. Federico II era Satanás, pero no pudo expulsarlos. La tendencia se vio favorecida precisamente por las persecuciones a las que los sometió Federico, cuya propaganda también había subido de tono hasta convertirlo en una figura mesiánica, en el Dios encarnado que llevaba en sí el último reino, cuya estirpe reinaría hasta el día del juicio final; es más, según Arnoldo, un dominico suabo, el emperador mesiánico estaba luchando contra el anticristo papal, y los fieles debían unirse en torno a él para llevar a cabo una reforma radical de la vida eclesiástica.

A partir de 1247, el nuevo ministro general de los franciscanos, Juan de Parma, emprendió una política de reconciliación dentro de la orden. Dado que era muy sensible a las ideas de Joaquín de Fiore, creía que la revelación divina había elegido a san Francisco (identificado con el ángel del sexto sello, que lleva en el cuerpo la *señal* del Dios vivo) para reformar la *vida evangélica* y la Iglesia. Joaquín de Fiore había hablado de dos órdenes del *ordo monachorum,* refiriéndose a los benedictinos tradicionales y los cistercienses. Sin embargo, en 1255, en una carta conjunta con el maestro general dominico, Humberto de Romans, los identificó con los dominicos y con los franciscanos. Se abría la puerta a una nueva y definitiva reinterpretación del franciscanismo, que ocurriría con Buenaventura de Bagnoregio y con las sucesivas y renovadas escisiones y divisiones. Los franciscanos se dispersaron por todo Occidente para lograr que desaparecieran las huellas de las primeras *Vite,* sacándolas de conventos y monasterios, robándolas, destruyéndolas. Los escasos testimonios que han sobrevivido de las *Vite* de Tomás de Celano se hallaron por casualidad en 1768 y 1808. Una *Vita brevior,* situada entre la *Prima* y la *Secunda* (1232-1239), no se conoció hasta que en 2014 salió a la luz en una subasta en Estados Unidos y fue adquirida por la Bibliothèque Nationale de París.

Buenaventura encontró la solución al problema de la *pobreza* en el *usus pauper:* los frailes debían *hacer* uso de los bienes sin *poseerlos,* ya que su propiedad correspondía a la Iglesia de Roma. Eso no impidió que espirituales como Ángel de Clareno, Ubertino de Casale y Pedro de Juan Olivi dieran una nueva voz a las tendencias que aspiraban a recuperar la experiencia original del fundador y revivieran la cultura de Joaquín de Fiore. Los papas intervinieron directamente más de una vez (en 1294 Celestino V, luego Bonifacio VIII y después Clemente V en 1312) planteando soluciones distintas y contradictorias que no pacificaron la orden porque un grupo de conventuales, los *fraticelli,* no las aceptaron y, consecuentemente, incurrieron en el delito de herejía. Además, se estableció que debía considerarse herética la proposición de los propios *fraticelli* según la cual Cristo y sus discípulos habían vivido en una pobreza absoluta (lo que podría suponer que los papas y los cardenales tuvieran que hacer otro tanto). Juan XXII recurrió a la fuerza e hizo prisioneros a Guillermo de Ockham y al ministro general Miguel de Cesena, que le había llamado «hereje» y «seudopapa». Cuando consiguió escapar, en 1328, este encontró refugio con Luis IV de Baviera, que estaba empeñado en recuperar la idea imperial y tenía ya su propio antipapa, Nicolás V, uno de los espirituales. Las persecuciones se prolongaron más allá del pontificado de

Juan XXII y no cesaron hasta 1350, porque la represión había acabado por *normalizar* la situación. La Sede Apostólica había rebajado su interés y en el interior de la orden se había abierto camino la convicción de que el compromiso no solo era necesario, sino también deseable. De una convicción parecida surgió en Umbría y casi al mismo tiempo en Francia la observancia, basada en el reconocimiento de los privilegios papales para la orden y en la aceptación del principio del *usus pauper.* La observancia se difundió rápidamente, con características distintas según las provincias, lo que planteó durante todo el siglo XV el problema de su organización unitaria y de la reunificación (o no) con los conventuales en el contexto de las nuevas formas de religiosidad (la *devotio moderna,* manifestaciones laicas de vida religiosa, individualización de la experiencia religiosa).

La historia de los dominicos es mucho más lineal. Desde 1231-1232 proporcionaron hombres especializados en combatir y extirpar los fenómenos heréticos.

Pero todo esto da una idea de la hegemonía que ambas órdenes habían conquistado en un tiempo a fin de cuentas bastante breve. Una hegemonía que fue también cultural, ya que franciscanos y dominicos se introdujeron pronto y con autoridad en los estudios teológicos; los dominicos, por vocación y estatuto, y los franciscanos, por su empeño en revisarse continuamente a sí mismos. Alejandro de Hales y san Buenaventura, Alberto Magno y Tomás de Aquino introdujeron en la investigación teológica los métodos más refinados y las adquisiciones culturales más recientes, desde Platón hasta Aristóteles. Crearon estudios en todas las provincias, y a mediados del siglo XIII había estudios generales de teología en París, Oxford, Montpellier y Bolonia.

Precisamente en París los mendicantes fueron protagonistas de un conflicto que duró medio siglo. En 1252-1257,
los docentes seculares intentaron obstaculizar el derecho reservado (solicitado por los mendicantes) a obtener la
creación de cátedras de enseñanza; la nueva profesión de
los *magistri,* que había comenzado en el siglo anterior, se
veía amenazada por la presencia de hombres pertenecientes a organizaciones tan grandes. Los docentes parisienses
denunciaban el alejamiento de los frailes del ideal originario, pero, en analogía con su constitución corporativa,
identificaban la autoridad de todos los obispos con la de
los apóstoles y atribuían al papa solo la de *primer obispo.*
Los mendicantes, por el contrario, consideraban que el
papa era el *vicarius Christi.* Aunque los *maestros* contaban
con la lógica simpatía de los obispos, tuvieron que ceder
ante el vicario de Cristo, que consagró a los mendicantes
con el éxito. Los problemas con el episcopado (por los diezmos, por los cementerios) están recogidos también en la literatura casuística (la *quodlibetistica),* pero los menores también pedían a Roma privilegios como la autorización para
predicar y confesar a los fieles sin el permiso preventivo de
los ordinarios diocesanos y de los párrocos. En 1281, una
bula de Martín IV se expresó en sentido favorable, pero en
noviembre del año siguiente el obispo de París, rodeado de
quince maestros de teología, se opuso a la decisión papal;
en 1285 lo hizo también el arzobispo de Canterbury, que
no obstante había sido maestro de teología franciscano. En
1300, Bonifacio VIII ideó un compromiso que salvaguarda-
ba los derechos de ambas partes. Con actores distintos, volvían a plantearse los problemas de siempre, que tocaban el
nervio del papel reservado a las instituciones eclesiásticas.

Con las disputas sobre la pobreza, los franciscanos se comprometieron cada vez más en su reflexión sobre la economía y las leyes. Tratados y prédicas formaron un flujo ininterrumpido de reflexiones sobre la licitud de los beneficios y de sus márgenes y sobre la incidencia de las distintas actividades económicas en la sociedad en transformación. Con la invención de los Montes de Piedad, promovidos por Bernardino de Feltre y Bernabé de Terni (el primero en Perugia, en 1462), los franciscanos entraron de lleno en la economía financiera. Por eso se ha querido ver en sus reflexiones una anticipación del pensamiento económico de la Edad Moderna.

Y quizá todo esto no es ajeno al hecho de que las figuras saciadas de dominicos y franciscanos entraran tranquilamente a formar parte del repertorio de la cuentística, como ya les había había ocurrido a los monjes más austeros. La intervención en los asuntos del mundo, inevitable para esas órdenes pero peligrosamente contradictoria, daba rienda suelta a la sátira. El poeta Rutebeuf, que vivía en el ambiente de París y de sus *clercs* (los que habían tenido que ceder), apuntaba a ellos (Cantarella, 2002).

Los dominicos:

Tienen París, tienen Roma,
son reyes igual que papas,
de bienes tienen de sobra.
Y quien muere sin querer
nombrarlos ejecutores
el alma puede perder.

Los franciscanos:

> La humildad era pequeña
> cuando a ellos les tocó,
> pero muy mucho aumentó,
> porque frailes son señores
> de reyes y emperadores.
> Humildad desecha orgullo
> y derechos y razones,
> dama es de altas mansiones,
> locutorios y salones.

Una sátira mordaz. Inofensiva.

Judíos

Véase *Mundos ocultos,* p. 127.

Nuestro rápido viaje concluye aquí. Es «este» viaje, no es el único viaje posible. «Si una noche de invierno un viajero, fuera del poblado de Malbork, asomándose desde la abrupta costa, sin temer el viento y el vértigo, mira hacia abajo donde la sombra se adensa en una red de líneas que se entrelazan sobre la alfombra de hojas iluminadas por la luna en torno a una fosa vacía, ¿cuál historia espera su fin allá abajo?»[1]. Todo viaje elige sus recorridos, sus descubrimientos, sus imprevistos.

---

1. Italo Calvino, *Si una noche de invierno un viajero,* trad. Esther Benítez, Siruela. *(N. de la T.).*

Es hora de volver a la superficie. «Ours be your patience, then, and yours our parts» («A nosotros, pues, vuestra indulgencia, a vosotros nuestras capacidades»). Y que Shakespeare me perdone...

«Tu causes, tu causes, c'est tout ce que tu sais faire»[2].

2. «Hablar, hablar, es lo único que sabes hacer». Cita de *Zazie dans le metrò* que recuerda al «Palabras, palabras, palabras» de *Hamlet. (N. del E.).*

Materiales de obra

Obras de referencia general

G. M., CANTARELLA, *Principi e corti. L'Europa del XII secolo,* Einaudi, Turín, 1997. *Id., Medioevo. Un filo di parole,* Garzanti, Milán, 2002 (2.ª ed.). *Id., Una sera dell'anno Mille. Scene del Medioevo,* Garzanti, Milán, 2004 (2.ª ed.). *Id.,* «Sintesi di storia medievale», en G. M. Cantarella, L. Russo y S. Sagulo (eds.), *Enciclopedia del Medioevo,* Garzanti, Milán, 2007, pp. 1647-1708. *Id., I monaci di Cluny,* Einaudi, Turín, 2010 (6.ª ed.). *Id., Manuale della fine del mondo. Il trabaglio dell'Europa medievale*, Einaudi, Turín, 2017. *Id., Imprevisti e altre catastrofi. Perché la storia è andata come è andata,* Einaudi, Turín, 2017. *Id., Gregorio VII,* Salerno editrice, Roma, 2018. *Id.* (ed.), *I castelli della preghiera. Il monachesimo nel pieno Medioevo,* Carocci, Roma, 2020. *Id., Ruggero, II*, Salerno editrice, Roma, 2020.

1. Los fundamentales

RODOLFO EL CALVO, *Cronache dell'anno Mille (Storie),* G. Cavallo y G. Orlandi (eds.), Fondazione Lorenzo Valla-Mondadori, Milán, 1989. F. CARDINI, *Istanbul. Seduttrice, conquistatrice, sovrana,* Il Mulino, Bolonia, 2014. G. ISABELLA, «Cambio manuale. Il Medioevo visto da fuori dell'Europa», en *Zapruder,* 56, 2021, pp. 173-181.

2. El centro de la cristiandad

A. UBIETO ARTETA (ed.), *Crónicas anónimas de Sahagún,* Anubar, Zaragoza, 1987. A. VAUCHEZ, G. OTRANTO y P. BOUET (eds.), *Culto e santuari di san Michele nell'Europa medievale,* Edipuglia, Bari, 2007. M. FUMAGALLI BEONIO-BROCCHIERI y R. FEDRIGA (eds.), *Luoghi e voci del pensiero medievale,* EncycloMedia Publishers, Milán, 2010. F. CARDINI y L. RUSSO, *«Homo Viator».* *Il pellegrinaggio medievale,* La Vela, Viareggio, 2019.

3. Los mundos de la oración

G. CHAUCER, *Los cuentos de Canterbury,* trad. Pedro Guardia, Cátedra, Madrid, 2006. IOANNIS SARESBERIENSIS, «Policratius», I-IV, en K. S. B. Keats-Rohan *(edidit), Corpus Christianorum Continuatio Mediaevalis CXVIII,* Brepols, Turnhoult, 1993. C. BINO, *Dal pianto al trionfo. La fondazione del «teatro della misericodia» nel Medioevo (V-VIII secolo),* Vita e pensiero, Milán, 2008. J. NOWAK y G. STRACK (eds.), *Stilus. Modus, Usus. Regeln der Konflikt-und Vehrandlungsführung am Papsthof des Mittelalters/Rules of Negotiation and Conflict Resolution at the Papal Court in the Middle Ages,* Brepols, Turnhout, 2019.

4. Interrogantes

RODOLFO EL CALVO, *Cronache dell'anno Mille (Storie),* G. Cavallo y G. Orlandi (eds.), Fondazione Lorenzo Valla-Mondadori, Milán, 1989. G. M. CANTARELLA, *Principi e corti. L'Europa del XII secolo,* Einaudi, Turín, 1997. *Id., Medioevo. Un filo di parole,* Garzanti, Milán, 2003 (2.ª ed.). C. BINO, *Dal pianto al trionfo. La fondazione del «teatro della misericordia» nel Medioevo (V-VIII seco-*

lo), Vita e Pensiero, Milán, 2008. L. SARACENO, *Tradizione e mitografia nell'eremitismo cristiano,* inédito (cortesía del autor).

5. Semilla, flores, frutos

G. DUBY, *Guillaume le Maréchal ou Le meilleur chevalier du monde,* Fayard, París, 1984. F. J. ASÍS GONZÁLEZ, *Nobles defensores. Señorío, caballería y justicia en el pensamiento de Don Juan Manuel,* UNSJ, San Juan (Argentina), 2023.

6. Los mundos de los laicos

G. DUBY, *Matrimonio Medievale. Due modelli nella Francia del dodicesimo secolo,* D. Benelli (ed.), il Saggiatore, Milán, 1981; *Id., Il cavaliere, la donna, il prete,* S. Brilli Cattarini (ed.), Laterza, Roma-Bari, 1982. G. M. CANTARELLA, *I monaci di Cluny,* Einaudi, Turín, 2010 (6.ª ed.). *Id.,* «La contessa Matilde, mito e mitologia», en *Przeglad Historycnzy,* 108, 2016, pp. 157-170. M. G. MUZZARELLI, *Madri, madri mancate, quasi madri. Sei storie medievali,* Laterza, Roma-Bari, 2021.

7. Mundos ocultos

R. ALBERTI, *La arboleda perdida, 1.º y 2.º; 3.º y 4.º; 5.º,* Alianza Editorial, Madrid, 1998-2002. S. SIMONSOHN, *The Apostolic See and the Jews: Documents 492-1404,* Pontifical Institute of Mediaeval Studies, Toronto, 1988. AMÉRICO CASTRO, *España en su historia: cristianos, moros y judíos,* Losada, Buenos Aires, 1948. G. M. CANTARELLA, «La Spagna, storie di identità», en *I Quaderni del MAES,* 14, 2011, pp. 43-62. A. DI FANT, «Don Davide Albertario propagandista antiebraico. L'accusa di omicidio rituale», en *Storicamente,* 7, 2011, pp. 58-76. M. F. Ríos Saloma, *Reconquista. Una construcción historiográfica (siglos XVI-XIX),* Marcial Pons, México D.F.-Madrid, 2011. A. Capone, «Antisemitismo cattolico e letteratura popolare tra Otto e Novecento. Intorno all'opera di Ugo Mioni», en *Studi storici,* 57, 2016, pp. 389-421. G. M. Cantarella, «La galleria degli specchi: la Spagna tra Roma e Cluny», en A. Calzona y G. M. Cantarella (eds.), *Autocoscienza del territorio, storie e miti. Dal mondo antico all'età moderna,* Scripta, Verona, 2020, pp. 1-13. F. de Falco, *Proiettare le frontiere? Galles, Inghilterra, Bretagna en secolo XII, ibíd.,* pp. 41-52. L. Barison, *«Ubi nullum viderem nostrum monasterium». L'espansione cluniacense in Inghilterra durante l'abbaziato di Ugo di Cluny (1049-1109),* Tesis de historia, currículum histórico, tesinanda A. M. Rapetti, Università di Ca' Foscari, Venecia, 2020-21. P. Grillo, *Manfredi di Svevia,* Salerno Editrice, Roma, 2021. A. García Sanjuán, «¿Eppur si mouve? Consideraciones críticas sobre la noción de Reconquista», en E. López Martínez de Marigorta (ed.), *Una nueva mirada a la formación de al-Andalus. La arabización y la islamización desde la interdisciplinariedad,* Universidad del País Vasco-Euskal Herriko Unibertsitatea, Leoia, 2022, pp. 225-246.

8. El ultramar

R. Russo, *Crociati in Terrasanta. Una nuova storia (1095-1291),* Carocci, Roma, 2018. F. Delle Donne, *Federico II e la crociata della pace,* Carocci, Roma, 2022. J. Mordenti, *I templari. Storia di monaci in arme (1120-1307),* Carocci, Roma, 2022. A. Musarra, *Urbano II e l'età delle città. Riforma, crociata e spazi politici alla fine dell'XI secolo,* Il Mulino, Bolonia, 2023.

9. La construcción de la verdad

G. M. CANTARELLA, *Principi e corti. L'Europa del XII secolo*, Einaudi, Turín, 1997. *Id.*, «Per una storia delle istituzioni ecclesiastiche nel Medioevo», en E. Castelnuovo, P. Fossati y G. Sergi (eds.), *Arti e storia nel Medioevo,* I, *Tempi, Spazi, Istituzioni*, Einaudi, Turín, 2002, pp. 373-434. M. BENEDETTI, *Medioevo inquisitoriale. Manoscritti, protagonisti, paradossi,* Salerno editrice, Roma, 2021.

Índice onomástico